RÉPONSE
DE MONSIEUR
DE SAINTFOIX
AU R. P. GRIFFET,
ET
RECUEIL
DE TOUT CE QUI A ÉTÉ ÉCRIT
SUR LE PRISONNIER MASQUÉ.

RÉPONSE
DE MONSIEUR
DE SAINTFOIX
AU R. P. GRIFFET,
ET
RECUEIL
DE TOUT CE QUI A ÉTÉ ÉCRIT
SUR LE PRISONNIER MASQUÉ.

A LONDRES;
Et se trouve A PARIS,
Chez VENTES, Libraire, à la Montagne-Sainte-Génevieve.

M. DCC. LXX.

RÉPONSE

AU R. P. GRIFFET,

Et Recueil *de tout ce qu'on a écrit sur le Prisonnier masqué.*

Un homme transféré dans une prison avec toutes les précautions possibles pour qu'il soit inconnu, même après sa mort : qu'on oblige d'être toujours masqué : que le Gouverneur traite avec la plus grande considération : dont on meuble la chambre *de toutes choses* & d'une façon distinguée dans un lieu où ces égards sont extrêmement rares :

à qui l'on donne tout ce qu'il souhaite, & dont on satisfait jusqu'aux (*a*) fantaisies qui doivent paroître les plus bisarres dans une prison : toutes ces circonstances forment un événement qui a dû piquer la curiosité de tous ceux qui en ont entendu parler. Je publiai, il y a environ deux ans, une lettre sur ce Prisonnier; je n'y pensois plus, ni à quelques particularités qu'on m'avoit écrites d'Angleterre à l'occasion de ma Lettre. Il vient de paroître un *Traité des différentes sortes*

(*a*) Il est très certain que Madame le Bret, mere de feu M. le Bret, Premier Président & Intendant en Provence, choisissoit à Paris, à la priere de Madame de Saint-Mars, son intime amie, le linge le plus fin & les plus belles dentelles, & les lui envoyoit à l'Isle Sainte-Marguerite pour ce Prisonnier; ce qui confirme ce qu'a rapporté M. de Voltaire.

de preuves qui servent à établir la vérité de l'Histoire, par le R. P. *Griffet*. Cet Ouvrage a été accueilli & lu avec l'empressement distingué que l'Auteur mérite à tous égards. Le Chapitre où il parle du Prisonnier masqué, p. 291, a réveillé mes idées sur cette anecdote; j'ai fait de nouvelles recherches; je crois qu'elles m'ont réussi; le Lecteur en jugera, & de mes nouvelles réflexions, & de mes réponses au R. P. Griffet. On ne peut bien décider sur un fait qu'en ayant en entier sous les yeux ce qu'en ont dit & pensé les différentes personnes qui en ont parlé, & d'ailleurs j'ai cru qu'on seroit bien aise de trouver ici rassemblé tout ce qu'on a écrit sur cet événement singulier.

JOURNAL de M. du Jonca, Lieutenant de Roi de la Bastille.

» JEUDI, 18 Septembre 1698, à » trois heures après midi, M. de » Saint-Mars, Gouverneur de la » Bastille, est arrivé pour sa pre- » miere entrée, venant des Isles » Sainte-Marguerite & Saint-Ho- » norat, ayant amené avec lui, » dans sa litiere, un ancien Pri- » sonnier qu'il avoit à Pignerol, » dont le nom ne se dit pas, le- » quel on fait tenir toujours mas- » qué, & qui fut d'abord mis dans » la tour de la Basiniere, en atten- » dant la nuit, & que je conduisis » ensuite moi-même, sur les neuf » heures du soir, dans la troisieme

» chambre de la tour de la Bertau-
» diere, laquelle chambre j'avois
» eu ſoin de faire meubler de tou-
» tes choſes, avant ſon arrivée, en
» ayant reçu l'ordre de M. de Saint-
» Mars..... En le conduiſant dans
» ladite chambre, j'étois accompa-
» gné, ajoute M. du Jonca, du
» Sieur Roſarges, que M. de Saint-
» Mars avoit amené avec lui, &
» lequel étoit chargé de ſervir &
» de ſoigner ledit Priſonnier qui
» étoit nourri par le Gouverneur ».

Tout le monde penſera comme le R. P. Griffet. Il réſulte, dit-il, de cette piece authentique, de ce Journal écrit tout entier de la main de M. du Jonca, 1°. qu'il n'y avoit que le Sieur Roſarges qui fût employé à ſervir ce Priſonnier, à l'excluſion de tous les domeſtiques ordinaires du Château : 2°. que ſa chambre étoit mieux meublée que celle des autres prisonniers, puisqu'il y avoit eu des ordres envoyés par M. de Saint-Mars, de la meubler *de toutes choses*; ce qui ne peut s'entendre que d'un ameublement plus riche & plus recherché que celui des autres chambres, sans quoi il n'eût pas été nécessaire d'envoyer pour cela des ordres exprès, puisque les chambres de la Bastille sont toujours meublées, mais fort simplement; il falloit donc qu'on eût ordonné un ameublement particulier pour celle-là: 3°. qu'en disant que ce Prisonnier étoit *nourri par le Gouverneur*, M. du Jonca a voulu faire entendre, ou que le Gouverneur mangeoit avec lui, ou que sa table étoit servie comme celle du Gouverneur; car d'ailleurs il n'y a dans ce Château aucun prisonnier qui ne soit *nourri par le Gouverneur*, cet usage étant établi & ayant toujours continué depuis Louis XI; M. du Jonca a donc voulu donner à entendre, par cette expression, que ce Prisonnier avoit, à l'égard de la nourriture, des avantages & des distinctions particulieres.

Suite du Journal de M. du Jonca.

» Du Lundi, 19 Novembre 1703,
» le Prisonnier inconnu, toujours
» masqué d'un masque de velours
» noir, que M. de Saint-Mars avoit
» amené avec lui, venant des Isles
» Sainte-Marguerite, qu'il gardoit
» depuis long-temps, s'étant trouvé
» hier un peu plus mal, en sortant
» de la messe, il est mort aujour-
» d'hui, sur les dix heures du soir,
» sans avoir eu une grande maladie;
» il ne se peut pas moins. M. Gi-

» raut, notre Aumonier, le con-
» fessa hier; surpris de la mort, il
» n'a pu recevoir ses Sacremens,
» & notre Aumonier l'a exhorté un
» moment avant que de mourir. Il
» fut enterré le Mardi, 20 Novem-
» bre, à quatre heures après midi,
» dans le cimetiere de S. Paul, notre
» Paroisse; son enterrement coûta
» 40 livres ».

Extrait des Registres de sépulture de l'Eglise Royale & Paroissiale de S. Paul à Paris.

L'AN mil sept cent trois, le dix-neuf Novembre, *Marchialy*, âgé de quarante-cinq ans, ou environ, est décédé dans la Bastille, duquel le corps a été inhumé dans le cimetiere de S. Paul, sa Paroisse, le vingt du présent, en présence de M. Roſarges, Major, & de M. Reilh, Chirurgien-Major de la Baſtille, qui ont ſigné.

Il eſt encore très-certain qu'après ſa mort, il y eut ordre de brûler généralement tout ce qui avoit été à ſon uſage, comme linge, habits, matelats, couvertures, &c; que l'on fit regrater & reblanchir les murailles de la chambre où il avoit été logé, & qu'on pouſſa même les précautions au point d'en défaire les carreaux, dans la crainte ſans doute qu'il n'eût caché quelque billet, ou fait quelque marque qui eût pu aider à faire connoître qui il étoit.

Examinons à préſent les différentes opinions qu'on a eues au ſujet de ce priſonnier. M. de Voltaire (*Siecle de Louis XIV.*) ſe contente de rapporter ſimplement ce qu'il en avoit entendu dire; il ne discute ni le fait ni les circonstances. » Quelques mois, dit-il, après la » mort du Cardinal Mazarin, en » (a) 1661, il arriva un événement » qui n'a point d'exemple, & ce » qui n'est pas moins étrange, c'est » que tous les Historiens l'ont igno- » ré. On envoya dans le plus grand » secret, au Château de l'Isle Sainte- » Marguerite, dans la mer de Pro- » vence, un Prisonnier d'une taille » au-dessus de la médiocre, jeune & » de la figure la plus belle & la plus » noble. Il portoit, dans la route, » un masque dont la mentonniere » (b) avoit des ressorts d'acier qui

---

(a) Ce ne fut pas en 1661, mais en 1685; c'est ce qui sera prouvé dans la suite.

(b) Il est constaté, par le Journal de M. du Jonca, que ce masque étoit de velours noir; ainsi le masque de fer &

» lui laiſſoient la liberté de man-
» ger avec le maſque ſur le viſage.
» On avoit ordre de le tuer s'il ſe
» découvroit. Il reſta dans l'Iſle juſ-
» qu'à ce qu'un Officier, nommé
» Saint-Mars, ayant été fait Gou-
» verneur de la Baſtille, en 1699,
» l'alla prendre (*a*) à cette Iſle
» Sainte-Marguerite & le conduiſit
» à la Baſtille, toujours maſqué.

---

la mentonniere à reſſorts, ſont de pure imagination, & prouvent que ceux qui diſoient avoir vu ce Priſonnier, ne l'avoient jamais vu.

(*a*) Il eſt certain que M. de Saint-Mars eut, en 1685, le Gouvernement des Iſles Sainte-Marguerite & Saint-Honorat, & qu'il en ſortit en 1698, & non pas 1699, pour être Gouverneur de la Baſtille, où il amena ce Priſonnier qu'il gardoit depuis long-temps à l'Iſle Sainte-Marguerite; ainſi il n'alla pas le prendre à cette Iſle.

„ Le Marquis de Louvois alla le „ voir dans cette Isle avant sa trans- „ lation, lui parla debout & avec „ une considération qui tenoit du „ respect. Cet Inconnu fut mené à „ la Bastille, où il fut logé aussi „ bien qu'on peut l'être dans ce „ Château : on ne lui refusoit rien „ de ce qu'il demandoit; son plus „ grand goût étoit pour le linge „ d'une finesse extraordinaire ; il „ jouoit de la guitarre; on lui fai- „ soit la plus grande chere, & le „ Gouverneur s'asseyoit rarement „ devant lui. Un vieux Médecin „ de la Bastille, qui avoit souvent „ traité cet homme singulier dans „ ses maladies, a dit qu'il n'avoit „ jamais vu son visage, quoiqu'il „ eût souvent examiné sa langue & „ le reste de son corps. Il étoit ad- „ mirablement bien fait, disoit ce „ Médecin; la peau un peu brune;

» il intéressoit par le seul son de sa » voix; ne se plaignoit jamais de » son état, & ne laissoit point en- » trevoir ce qu'il pouvoit être; cet » Inconnu mourut en (*a*) 1704 & » fut enterré la nuit à la Paroisse » S. Paul. Ce qui redouble l'éton- » nement, c'est que, quand on » l'envoya à l'Isle Sainte-Margue- » rite, il ne disparut dans l'Etat au- » aucun homme considérable. M. » de Chamillard fut le dernier Mi- » nistre qui eut cet étrange secret. » Le second Maréchal de la Feuil- » lade, son gendre, m'a dit qu'à la » mort de son beau-pere, il le con- » jura à genoux de lui apprendre » ce que c'étoit que cet Inconnu » qu'on ne connut jamais que sous » le nom de l'*Homme au masque de*

(*a*) Ce fut en 1703.

» *fer* ; Chamillard lui répondit que » c'étoit le ſecret de l'Etat, & qu'il » avoit fait ſerment de ne le point » révéler ».

LETTRE de M. de la Grange-Chancel à M. Freron, au ſujet de l'Homme au maſque de fer.

Le ſéjour que j'ai fait aux Iſles Sainte-Marguerite, où cet événement de l'*Homme au maſque de fer* n'étoit plus un ſecret d'Etat dans le temps que j'y arrivai, m'en a appris des particularités qu'un Hiſtorien plus exact dans ſes recherches que M. de Voltaire, auroit pu ſçavoir comme moi, s'il s'étoit donné la peine de s'en inſtruire. Cet événement extraordinaire qu'il place en 1661, quelques mois après la mort du Cardinal Mazarin, n'eſt arrivé qu'en 1669, huit ans après la mort de cette Eminence. M. de la Motte-Guérin, qui commandoit dans ces Iſles, du temps que j'y étois détenu (*a*), m'aſſura que ce Priſonnier étoit le Duc de Beaufort qu'on diſoit avoir été tué au ſiege de Candie, & dont on ne put trouver le corps ſuivant toutes les relations de ce temps-là. Il me dit auſſi que le Sieur de Saint-Mars, qui obtint le gouvernement de ces Iſles après celui de Pignerol, avoit de grands égards pour ce Priſonnier; qu'il le ſervoit toujours lui-même en vaiſſelle d'argent, & lui fourniſſoit ſouvent des habits auſſi riches qu'il paroiſſoit le deſirer; que dans les maladies où il avoit beſoin de Médecin ou de

(*a*) Comme Auteur des Philippiques.

Chirurgien, il étoit obligé, sur peine de la vie, de ne paroître en leur présence qu'avec son masque de fer, & que lorsqu'il étoit seul, il pouvoit s'amuser à s'arracher le poil de la barbe avec des pincettes d'acier très-luisant & très-poli. J'en vis une de celles qui lui servoient à cet usage entre les mains du Sieur de Formanoir, neveu de Saint-Mars, & Lieutenant d'une Compagnie Franche préposée pour la garde des prisonniers. Plusieurs personnes m'ont raconté que lorsque Saint-Mars alla prendre possession du gouvernement de la Bastille où il conduisit son Prisonnier, on entendit ce dernier, qui portoit son masque de fer, dire à son conducteur: *Est-ce que le Roi en veut à ma vie?* *Non, mon Prince*, répondit Saint-Mars, *votre vie est en sûreté; vous n'avez qu'à vous laisser conduire.* J'ai ſçu de plus, d'un nommé Dubuiſſon, Caiſſier du fameux Samuel Bernard, qui, après avoir été quelques années à la Baſtille, fut conduit aux Iſles Sainte-Marguerite, qu'il étoit dans une chambre, avec quelques autres priſonniers, préciſément au-deſſus de celle qui étoit occupée par cet inconnu; que par le tuyau de la cheminée ils pouvoient s'entretenir & ſe communiquer leurs penſées; mais que ceux-ci lui ayant demandé pourquoi il s'obſtinoit à leur taire ſon nom & ſes aventures, il leur avoit répondu que cet aveu lui coûteroit la vie, auſſi bien qu'à ceux auxquels il auroit révélé ſon ſecret.

D'ailleurs, ſi l'on conſidere l'eſprit remuant du Duc de Beaufort, & la part qu'il eut à tous les mouvemens de Paris du temps de la Fronde, peut-être ne ſera-t-on pas ſurpris du parti violent qu'on prit pour s'en aſſurer, d'autant plus que l'Amirauté, dont il s'étoit fait donner la ſurvivance, le mettoit journellement en état de traverſer les grands deſſeins de M. Colbert chargé du Département de la Marine. Cet Amiral, qui paroiſſoit ſi dangereux à ce Miniſtre, fut remplacé, ſelon ſes intentions, par le Duc de Vermandois, fils du Roi & de la Ducheſſe de la Valiere, lequel n'avoit alors que deux ans.

Enfin ceux qui voudront ſuputer l'âge que pouvoit avoir le Duc de Beaufort lorſqu'il mourut à la Baſtille en 1704, n'ont qu'à ſe rappeller que la Ducheſſe de Nemours, ſa contemporaine, mourut preſqu'en même temps que celui qui fut l'auteur de ſon veuvage par le duel qui la priva de ſon époux.

Quoiqu'il en ſoit, aujourd'hui

que le nom & la qualité de cette victime de la politique ne sont plus des secrets où l'Etat soit intéressé, j'ai cru qu'en instruisant le Public de ce qui est venu à ma connoissance, je devois arrêter le cours des idées que chacun s'est forgé à sa fantaisie sur la foi d'un Auteur qui s'est fait une grande réputation par le merveilleux, joint à l'air de vérité qu'on admire dans la plupart de ses Ecrits, même dans la vie de Charles XII.

Je suis, &c.

LA GRANGE-CHANCEL.

RÉPONSE.

LE Duc de Beaufort avoit pu être un des Chefs de la Fronde, & causer des troubles dans l'Etat, comme les autres Princes, pendant une minorité que différentes circonstances rendirent très-orageuse ; mais les temps & les esprits étoient bien changés ; Louis XIV, adoré, admiré de ses sujets, respecté de tous ses voisins, jouissoit en 1669 d'une paix glorieuse, après être revenu triomphant des conquêtes qu'il avoit entreprises. Jamais l'autorité Royale n'avoit été mieux affermie, plus absolue, & certainement le Duc de Beaufort ne pouvoit pas alors être à craindre ; pourquoi donc auroit-on employé tant de précautions & de mysteres pour le mettre dans une prison, & pour cacher qu'il y étoit? La détention du Grand Condé même, si on avoit jugé à ptopos de le faire arrêter, n'auroit pas causé la moindre émeute.

Il y avoit plus de dix ans que le Duc de Beaufort étoit rentré dans son devoir, & depuis ce temps-là on n'avoit rien eu à lui reprocher. Chargé de toutes nos expéditions maritimes depuis 1664 jusqu'à sa descente en Candie en 1669, il s'étoit comporté avec tout le zele, le courage & la fidélité possibles; peut-on supposer que Louis XIV ait condamné un Prince à une prison perpétuelle, parce que ce Prince, dans sa charge d'Amiral, *auroit pu traverser les desseins de M. Colbert sur la Marine?* Ne peut-on pas déplacer, ou ne point employer un Amiral?

Tous les oui-dire par lesquels on sçut qu'il y avoit à l'Isle Sainte-Marguerite un Prisonnier qu'on obligeoit de porter un masque de fer, s'accordoient à lui donner *un air jeune & très-noble*; le Duc de Beaufort étoit né en 1611; il avoit donc cinquante-huit ans en 1669; tous les Mémoires où il est parlé de lui, dès le temps même de sa jeunesse, disent qu'il étoit d'une grande taille, assez bien fait, mais qu'il avoit l'air commun; qu'il se tenoit & marchoit mal; qu'il étoit toujours grossiérement vêtu, & que cette négligence sur toute sa personne alloit jusqu'à (*a*) la malpropreté. Cela ne s'accorde pas avec le récit de M. de la Grange-Chancel : *on m'assura*, dit-il, *qu'on lui fournissoit souvent des habits aussi riches qu'il paroissoit le desirer.* Il seroit assez singulier que le Duc de Beaufort, en vieillissant & en prison, fût devenu curieux en habits.

A l'égard de sa mort, voici ce que rapporte un témoin oculaire, le Marquis de Saint-André Mont-

(*a*) Défaut dont ses neveux, M. de Vendome & le Grand-Prieur, sembloient avoir hérité.

brun, qui commandoit dans Candie : » M. de Beaufort, dit-il, n'attendit » pas qu'il fût jour pour donner le » signal de l'attaque ; les François » dont on avoit fait trois corps, » donnerent sur les retranchemens » des ennemis avec une valeur in- » croyable, mais le désordre se mêla » bientôt parmi eux ; dès que les » premiers eurent donné, ils s'ou- » vrirent pour laisser le passage aux » autres ; ceux-ci les voyant avec » des meches allumées, crurent que » c'étoient des ennemis & tirerent » sur eux ; les longues vestes de » sept ou huit Arméniens qui ser- » voient de guides aux premiers, » aiderent aux autres à se tromper ; » le jour naissant découvrit bientôt » cette méprise . . . . . Tandis que » M. de Beaufort tâchoit de les ral- » lier, il fut tué & confondu dans » la foule des morts.... On n'a ja-

Mémoires de Saint-André Montbrun, p. 362, 363, & 365.

» mais bien sçu comment M. de » Beaufort fut tué, mais on sçait » que le Grand-Visir envoya sa tête » à Constantinople où elle fut por- » tée pendant trois jours par les » rues, au bout d'une pique, comme » une marque de la défaite des » Chrétiens ».

On voit dans ces mêmes Mémoires, p. 344, que dans une attaque précédente, *cent vingt François de distinction furent tués, & que leurs têtes furent mises au bout d'autant de piques, & exposées pendant trois jours dans le camp des Turcs.*

Notre Ambassadeur à Constantinople, voulant, dans certaines circonstances, rappeller au Grand-Visir Cuproli Ogli, fils de Mehemet Cuproli, notre ancienne alliance avec l'Empire Ottoman; *je ne sçais pas*, lui dit ce Visir, *si les François sont nos alliés, mais nous les trouvons fréquemment*

fréquemment parmi nos ennemis ; ils étoient six mille dans l'armée des Allemands au passage (a) du Raab ; la même année, votre Amiral Beaufort attaqua Gigeri, & continua l'année suivante à faire une guerre cruelle aux Maures qui sont sous notre protection, & ce même Amiral étoit encore venu, avec beaucoup de François pour secourir Candie. 1664.

LETTRE de M. de Palteau à M. Freron. Ann. Litt. Juin 1768.

MONSIEUR,

Comme il paroît par la *Lettre de M. de Saint-Foix*, dont vous

(a) Combat de Saint-Godart où les François se signalerent.

venez de donner un extrait, que l'Homme au maſque de fer exerce toujours l'imagination de nos Ecrivains, je vais vous faire part de ce que je ſçais de ce Priſonnier. Il n'étoit connu aux Iſles Sainte-Marguerite & à la Baſtille que ſous le nom de *la Tour.* Le Gouverneur & les autres Officiers avoient de grands égards pour lui; il obtenoit tout ce qu'ils pouvoient accorder à un priſonnier. Il ſe promenoit ſouvent ayant toujours un maſque ſur le viſage. Ce n'eſt que depuis que *le Siecle de Louis XIV* de M. *de Voltaire* a paru, que j'ai oui dire que ce maſque étoit de fer & à reſſorts; peut-être a-t-on oublié de me parler de cette circonſtance; mais il n'avoit ce maſque que lorſqu'il ſortoit pour prendre l'air, ou qu'il étoit obligé de paroître devant quelqu'étranger.

Le Sieur *de Blainvilliers*, Officier

d'Infanterie, qui avoit accès chez M. *de Saint-Mars*, Gouverneur des Isles Sainte-Marguerite, & depuis de la Bastille, m'a dit plusieurs fois que le sort de *la Tour* ayant beaucoup excité sa curiosité, pour la satisfaire il avoit pris l'habit & les armes d'un Soldat qui devoit être en sentinelle dans une gallerie sous les fenêtres de la chambre qu'occupoit ce Prisonnier aux Isles Sainte-Marguerite; que de-là il l'avoit examiné toute la nuit; qu'il l'avoit très-bien vu; qu'il n'avoit point son masque; qu'il étoit blanc de visage, grand & bien fait de corps, ayant la jambe un peu trop fournie par le bas, & les cheveux blancs quoiqu'il ne fût que dans la force de l'âge; il avoit passé cette nuit-là presqu'entiere à se promener dans sa chambre. *Blainvilliers* ajoutoit qu'il étoit toujours vêtu de brun, qu'on lui donnoit de beau linge & des livres, que le Gouverneur & les Officiers restoient devant lui debout & découverts jusqu'à ce qu'il les fît couvrir & asseoir; qu'ils alloient souvent lui tenir compagnie & manger avec lui.

En 1698, M. *de Saint-Mars* passa du Gouvernement des Isles Sainte-Marguerite à celui de la Bastille. En venant en prendre possession il séjourna avec son Prisonnier à sa Terre de Palteau. L'Homme au masque arriva dans une litiere qui précédoit celle de M. *de Saint-Mars*; ils étoient accompagnés de plusieurs gens à cheval. Les Paysans allerent au-devant de leur Seigneur; M. *de Saint-Mars* mangea avec son Prisonnier, qui avoit le dos opposé aux croisées de la salle à manger qui donnent sur la cour; les Paysans que j'ai interrogés ne purent voir s'il mangeoit avec ſon maſque ; mais ils obſerverent très-bien que M. *de Saint-Mars*, qui étoit à table vis-à-vis de lui, avoit deux piſtolets à côté de ſon aſſiette. Ils n'avoient pour les ſervir qu'un ſeul valet-de-chambre qui alloit chercher les plats qu'on lui apportoit dans l'anti-chambre, fermant ſoigneuſement ſur lui la porte de la ſalle à manger. Lorſque le Priſonnier traverſoit la cour il avoit toujours ſon maſque noir ſur le viſage; les Payſans remarquerent qu'on lui voyoit les dents & les levres ; qu'il étoit grand & avoit les cheveux blancs. M. *de Saint-Mars* coucha dans un lit qu'on lui avoit dreſſé auprès de celui de l'Homme au maſque M. *de Blainvilliers* m'a dit que lors de ſa mort arrivée en 1704, on l'enterra ſecrétement à S. Paul, & que l'on mit dans le cercueil des drogues pour (*a*) consumer le corps. Je n'ai point oui-dire qu'il eût aucun accent étranger.

Vous ferez, Monsieur, l'usage qu'il vous plaira de ces notions qui ne me paroissent appuyer aucune des conjectures que l'on a tirées jusqu'à présent sur l'état de ce malheureux Prisonnier.

J'ai l'honneur d'être, &c.

Votre très-humble & très-obéissant serviteur,

PALTEAU.

Au Château de Palteau près de Villeneuve-le-Roi, ce 19 Juin 1768.

(*a*) Ces drogues étoient inutiles, s'il est vrai que le lendemain un homme ayant engagé le Fossoyeur à déterrer ce corps & le lui laisser voir, ils trouverent un gros caillou à la place de la tête.

RÉPONSE (a).

M. *De Blainvilliers*, dit M. de Palteau, *m'a raconté plusieurs fois que le sort de ce Prisonnier ayant excité sa curiosité, il avoit pris l'habit & les armes d'un Soldat qui devoit être en sentinelle dans une galerie sous les fenêtres de la chambre qu'occupoit ce Prisonnier aux Isles Sainte-Marguerite; que de-là il l'avoit examiné toute la nuit; qu'il l'avoit très-bien vu; qu'il n'avoit pas son masque; qu'il étoit blanc de visage, grand & bien fait de corps, ayant la jambe un peu trop fournie par le bas, & les cheveux blancs,*

(a) Je fis insérer cette Réponse dans l'Année Littéraire, Septembre 1768.

quoiqu'il ne fût que dans la force de l'âge ; qu'il avoit passé cette nuit presqu'entiere à se promener dans sa chambre .....

Ce récit de M. de Blainvilliers à M. de Palteau, est bien extraordinaire ; je conviens qu'il y a quelquefois des choses vraies qui ne sont pas vraisemblables. Quel est l'Officier qui osât corrompre un Soldat, prendre ses armes, son habit, & se mettre en sentinelle à sa place? Certainement cet Officier & ce Soldat seroient mis au conseil de guerre, quand même il ne s'agiroit pas d'une affaire d'Etat, & il paroît que celle de ce Prisonnier en étoit une par toutes les précautions qu'on prenoit pour qu'il ne fût pas connu. *M. de Blainvilliers l'examina toute la nuit.* Les sentinelles ne sont que de trois heures ; qu'auroit dit le Caporal, en allant relever ſon Soldat, s'il avoit trouvé un autre homme à ſa place?

Dans toutes les Citadelles & Châteaux où l'on renferme des priſonniers d'Etat, outre les rondes ordinaires, il y en a encore toujours une de demi-heures en demi-heures; M. de Blainvilliers, pour ſatisfaire ſa curioſité, fut donc obligé de corrompre nombre de perſonnes qui toutes riſquoient beaucoup. *Il vit que ce Priſonnier étoit grand, bien fait de corps, mais qu'il avoit la jambe un peu trop fournie par le bas.* Comment une ſentinelle, au-deſſous de la chambre d'un Priſonnier, peut-elle lui voir le bas de la jambe? D'ailleurs il falloit que cette chambre fût bien éclairée cette nuit-là, & que les barreaux de fer n'en fuſſent pas ſerrés (*a*) comme ils le ſont

(*a*) Il eſt certain que ce fut à l'occaſion de ce Priſonnier, que M. de Saint-

à toutes les fenêtres des prisonniers d'Etat.

Si M. de Blainvilliers, étant en sentinelle sous les fenêtres de ce Prisonnier *qui avoit ôté son masque, put l'examiner à son aise*, tous les Soldats qui y étoient tour à tour en sentinelle, pouvoient l'examiner de même le jour & la nuit, & le voir sans son masque; alors pourquoi la précaution de lui en faire porter un?

Puisque *le Gouverneur & les Offi-*

Mars reçut ordre de Louis XIV de préparer une prison bien sûre & bien close dans le fort de l'Isle Sainte-Marguerite, & M. de Piganiol dans sa Description de la France tom. V., p. 376, en dit quelque chose. On montre par tradition la chambre où il étoit, & l'on m'a assuré qu'elle n'a qu'une seule fenêtre, qui est du côté de la mer, & environ à 14 ou 15 pieds au-dessus du rez de chaussée & par conséquent des sentinelles.

ciers restoient debout & découverts devant lui jusqu'à ce qu'il les fît se couvrir & s'asseoir, c'étoit certainement un homme de la plus grande distinction; comment cet homme de la plus grande distinction, étant si mal gardé & pouvant parler aux sentinelles puisqu'elles pouvoient *lui voir le bas de la jambe*, n'auroit-il pas tenté, par des promesses & de belles espérances, de corrompre quelque Soldat pour se mettre en liberté, ce qui lui auroit été très-aisé, attendu la contrebande continuelle qui se faisoit à l'Isle Sainte-Marguerite?

Piganio t. 5, p. 37

A l'égard de la remarque des Paysans qui dirent à M. de Palteau *qu'on voyoit au Prisonnier les dents & les levres*, elle prouveroit encore que ce n'étoit pas M. de Beaufort à qui Madame de Choisi avoit un jour répondu, sur une plaiſanterie qu'il lui faiſoit, *M. de Beaufort voudroit mordre & ne le peut pas :* il n'avoit alors que cinquante-trois à cinquante-quatre ans, & n'avoit déja plus de dents. Si c'eût été lui qu'on transféroit à la Baſtille, en 1698, & que ces Payſans auroient vu, il auroit eu quatre-vingt-ſept ans, étant né en 1611.

---

*EXTRAIT des Mémoires ſecrets pour ſervir à l'Hiſtoire de * Perſe.*

* De France.

» LE (a) Comte de Vermandois, dit » l'Auteur de ces *Mémoires ſecrets*, fut » élevé avec tout le ſoin poſſible ; il » étoit beau, bien fait, plein d'eſprit,

---

(a) Sous le nom de *Giafer.* Il étoit fils de Louis XIV & de Mademoiſelle de la Valiere.

» mais fier, emporté, & ne pouvant
» prendre ſur lui de rendre au (*a*)
» Dauphin le reſpect qu'il devoit à
» un Prince né pour être un jour
» ſon Roi. Ces deux jeunes Princes,
» à peu près du même âge, étoient
» de caractere oppoſé. Le Dauphin
» auſſi bien partagé que le Comte
» de Vermandois du côté des agré-
» mens, l'emportoit infiniment par
» ſa douceur, ſon affabilité & la
» bonté de ſon cœur; c'étoient ces
» qualités qui le rendoient l'objet
» des mépris du Comte de Ver-
» mandois; il ne laiſſoit échapper
» aucune occaſion de dire qu'il plai-
» gnoit les François d'être deſtinés
» à obéir un jour à un Prince ſans
» eſprit & ſi peu digne de les com-
» mander. Louis XIV (*b*) à qui l'on

(*a*) Sous le nom de *Sephi-Mirza*.

(*b*) Sous le nom de *Cha-abas*.

» rendoit compte d'une pareille con-
» duite, en ſentoit toute l'irrégula-
» rité; mais l'autorité cédoit à l'a-
» mour paternel, & ce Monarque
» ſi abſolu n'avoit pas la force d'en
» impoſer à un fils qui abuſoit de
» ſa tendreſſe. Enfin le Comte de
» Vermandois s'oublia un jour au
» point de donner un ſoufflet au
» Dauphin. Louis XIV en eſt auſſi-
» tôt informé; il tremble pour le
» coupable, mais quelqu'envie qu'il
» ait de feindre d'ignorer cet at-
» tentat, ce qu'il ſe doit à lui-même
» & à ſa couronne, & l'éclat que
» cette action avoit fait à la Cour,
» ne lui permettent pas d'écouter
» ſa tendreſſe. Il aſſemble, non ſans
» ſe faire violence, ſes confidens
» les plus intimes; il leur laiſſe voir
» toute ſa douleur, & leur demande
» conſeil. Attendu la grandeur du
» crime & conformément aux Loix

» de l'Etat, tous opinerent à la » mort. Quel coup pour un pere si » tendre ! Cependant un des Mi- » nistres, plus sensible que les au- » tres à l'affliction de Louis XIV, » lui dit qu'il y avoit un moyen » de punir le Comte de Verman- » dois sans lui ôter la vie; qu'il fal- » loit l'envoyer à l'armée qui étoit » pour lors sur les frontieres de » Flandres; que peu après son ar- » rivée, on semeroit le bruit qu'il » étoit attaqué de la (*a*) peste, afin » d'effrayer & d'écarter de lui tous » ceux qui auroient envie de le » voir; qu'au bout de quelques jours » de cette feinte maladie, on le fe-

---

(*a*) Jamais le bruit n'a couru que le Comte de Vermandois fût attaqué de la peste; c'est apparemment pour désigner, dans cette narration orientale, une fievre maligne.

» roit paſſer pour mort, & que tan-
» dis qu'aux yeux de toute l'armée,
» on lui feroit des obſeques dignes
» de ſa naiſſance, on le transfére-
» roit de nuit, avec un grand ſe-
» cret, à la Citadelle de (a) l'Iſle
» Ste Marguerite. Cet avis fut géné-
» ralement approuvé, & ſur-tout
» par un pere affligé; on choiſit des
» gens fideles & diſcrets pour la
» conduite de cette affaire. Le
» Comte de Vermandois part pour
» l'armée avec un équipage magni-
» fique; tout s'exécute ainſi qu'on
» l'avoit projetté, & pendant qu'on
» pleure au camp la mort de cet
» infortuné Prince, on le conduit
» par des chemins détournés à l'Iſle
» Sainte-Marguerite, & on le re-
» met entre les mains du Com-
» mandant qui avoit reçu d'avance

(a) Sous le nom de l'*Iſle d'Ormus.*

» ordre de Louis XIV de ne laisser » voir son Prisonnier à qui que ce » fût ».

RÉPONSE.

Le Narrateur de cette méprisable anecdote, commence par dire que le Dauphin & le Comte de Vermandois *étoient à peu près du même âge*; le Dauphin, né le premier de Novembre 1661, étoit plus âgé de six ans que le Comte de Vermandois, né le 2 Octobre 1667. Lors du prétendu soufflet, le Comte de Vermandois avoit seize ans; le Dauphin en avoit vingt-deux, étoit marié & avoit déja un fils, le Duc de Bourgogne; ainsi ce n'étoient pas deux enfans de douze ou treize ans, qui, vivant & jouant ensemble, peuvent en venir à se fâcher, ſe quereller & même ſe frapper. Le Comte de Vermandois, loin d'être fier & emporté, étoit doux, poli, careſſant; ſa figure rappelloit toutes les graces de ſa mere. Vers la fin de l'année 1682, Louis XIV ayant ſçu qu'il s'étoit trouvé dans quelques parties d'une infâme débauche, lui fit la réprimande la plus ſévere & le bannit de la Cour; il n'eut la permiſſion d'y reparoître que vers la fin d'Octobre 1683, pour prendre congé en partant pour ſa premiere campagne; & comme il ne reſta que quatre jours à la Cour, il faudroit qu'il eût commis l'attentat en queſtion l'un de ces quatre jours; or on va voir par le récit d'une perſonne qui devoit être bien inſtruite, qu'il étoit alors très-matté, très-mortifié & très-éloigné de ſe porter à de pareils excès d'emportement: « M. de Verman-

» dois, dit Mademoiselle de Montpensier, partit pour aller au siege de Courtrai; il y avoit peu qu'il étoit revenu à la Cour; le Roi n'avoit pas été content de sa conduite, & ne vouloit point le voir; il s'étoit trouvé dans des parties de débauche; il étoit fort retiré, sans voir personne; il ne sortoit que pour aller à l'Académie, & le matin à la Messe; ceux qui avoient été avec lui n'étoient pas agréables au Roi; cela donna beaucoup de chagrin à Madame de la Valiere; il fut bien prêché; il fit une confession générale, & on croyoit qu'il se fût fait un fort honnête homme.... Il tomba malade au siege de Courtrai, d'avoir bu trop d'eau-de-vie; on dit qu'il avoit donné de grandes marques de courage, & l'on ne parloit de son esprit & de sa conduite que

Mémoires de Mademoiselle de Montpensier, t. 7, p. 90 & 92.

» comme l'on a accoutumé, selon » que l'on aime les gens .... Pour » moi je ne fus pas fâchée de sa » mort; j'étois bien aise que M. du » Maine n'eût aucune de ces affai- » res devant lui .... M. de Lausun » ne me parla que de la perte que » le Roi & l'Etat avoient faite en » M. de Vermandois, & le met- » toit au-dessus des plus grands » hommes qui eussent jamais été. Je » lui dis, modérez ces louanges » pour qu'on les puisse croire; un » homme de cet âge ne peut avoir » toutes les qualités que vous lui » donnez.... Il me sembloit que » c'étoit pour dépriser M. du Mai- » ne, de dire que personne n'éga- » leroit jamais M. de Vermandois.

Lettres de M. de Bussi Rabutin, t. 5, p. 484.

» On vient de perdre M. de Ver- » mandois, dit la Présidente d'O- » sembrai dans une lettre au Comte de Bussi Rabutin; « il laisse de lui

» des regrets infinis; il avoit donné
» tant de marques d'un Prince ex-
» traordinaire, que le regret de sa
» mort est une douleur publique.
» Vous ne sçauriez vous imaginer
» combien il étoit libéral & toutes
» les manieres qu'il trouvoit pour
» obliger. Il faisoit des paris, étant
» sûr de perdre, contre des gens
» qu'il sçavoit bien qui n'auroient
» pas pris son argent. Il en envoyoit
» porter sur une table chez des Offi-
» ciers qu'il sçavoit en avoir besoin,
» sans qu'on sçût de quelle part cela
» venoit. Il a caché trois jours de
» fievre, pour se trouver à une ex-
» pédition de guerre. Après cela,
» vous n'aurez pas de peine à croire
» que le Roi a été très-touché de sa
» mort. Madame la Princesse de
» Conti (sa sœur) en est inconso-
» lable. Madame de la Valiere est
» tout le jour au pied de son Cru-

» cifix. On partage cette douleur à » l'Hôtel de Condé ; car le mariage » de ce Prince avec Mademoiselle » de Bourbon, étoit presque as- » suré ».

Il y a toujours trop de personnes auprès du Dauphin, pour qu'une action aussi énorme & aussi inouie que celle du Comte de Vermandois, n'eût pas été dans l'instant publique : or est-il naturel que Mademoiselle de Montpensier & Madame d'Osembrai n'en eussent point parlé, & que dans aucun des Mémoires de ce temps-là il n'en soit pas dit un seul mot ? Est-il naturel que M. de Lausun & Madame d'Osembrai eussent prodigué les plus grands éloges à un Prince qui, tout récemment, venoit de donner des preuves de l'emportement le plus inconcevable, & qu'on auroit à peine excusé en disant qu'il étoit devenu fou ?

L'éclat que cet attentat avoit fait à la Cour, continue l'Auteur des Mémoires ſecrets, *& ce que Louis XIV ſe devoit à lui-même & à ſa couronne, ne lui permettoient pas d'écouter ſa tendreſſe ; il aſſemble ſes confidens les plus intimes, &c.* Le réſultat de cette aſſemblée, eſt de punir le coupable, mais de prendre toutes les meſures poſſibles pour cacher qu'il a été puni ; on lui fait un équipage des plus brillans ; on l'envoie à l'armée ; on feint qu'il y eſt attaqué d'une fievre maligne ; qu'il en meurt, & tandis qu'on lui fait à Arras des obſeques magnifiques, on le transfere très-ſecrétement au Château de l'Iſle Sainte-Marguerite ; c'eſt-à-dire que Louis XIV, ce Monarque ſi jaloux de ſa gloire & de ſa réputation, oublie *ce qu'il ſe doit à lui-même & à ſa couronne*, & s'embarraſſe peu qu'on diſe dans l'Europe qu'un de ses bâtards, ayant insulté d'une façon sanglante le présomptif héritier du trône, n'en a pas été puni, & qu'au contraire on l'a envoyé à l'armée avec un équipage magnifique. Comment peut-on écrire de pareilles absurdités?

Toutes les Relations de ce temps-là portent que le Comte de Vermandois se trouva mal le 12 Novembre au soir; que le lendemain
1683. la fievre maligne se déclara; & qu'il en mourut le 18. Louis XIV & tout son Conseil n'avoient pas le pouvoir de lui envoyer cette fievre maligne; il fallut donc persuader à ce Prince *si violent*, *si emporté*, de faire le malade pendant six jours; je suppose qu'on en trouva les moyens; mais, dès qu'on répandit le bruit de cette fievre maligne qu'on prétendoit devoir effrayer & faire fuir ses amis & tout son monde, gen-

tilshommes, pages, valets-de-chambre, laquais, on ne put pas ſe diſpenſer de le laiſſer voir aux Médecins & Chirurgiens, & ces Meſſieurs connoiſſent au moins ſi l'on a ou ſi l'on n'a pas la fievre; les mit-on dans la confidence? voilà bien des confidens! Et ce M. Goſlas, ce pieux Eccléſiaſtique, que Madame de la Valiére avoit donné à ſon fils pour le ſuivre à l'armée & y ſoigner ſa conſcience, comment put-on l'écarter?

Suite des Mémoires Secrets.

» Un ſeul domeſtique, qui étoit
» du ſecret, fut transféré avec
» le Prince; mais étant mort en
» chemin, les chefs de l'eſcorte lui
» défigurerent le viſage à coups de
» poignard afin d'empêcher qu'il ne
» fût reconnu, le laiſſerent étendu
» dans le chemin, après l'avoir fait

» dépouiller, pour plus grande pré-
» caution & continuerent leur rou-
» te ».

Voilà donc le ſeul domeſtique qu'on avoit mis dans le ſecret, qui meurt ſubitement & préciſément au milieu du chemin pour que l'on puiſſe prendre la précaution de le balaffrer, ce qui auroit été difficile & dangereux, s'il étoit mort dans une auberge. Pourquoi n'avoir pas fait auſſi attaquer de mort ſubite les Médecins & les Chirurgiens qui avoient vu que le Comte de Vermandois n'étoit pas malade? Dans le trajet de mer pour paſſer à l'Iſle Sainte-Marguerite, pourquoi n'avoir pas fait périr toute l'eſcorte par une tempête qui ſe ſeroit élevée tout-à-coup; le ſeul Comte de Vermandois auroit été jetté ſur le rivage; le Gouverneur, en s'y promenant, l'auroit reconnu, à ſon masque noir, pour le Prisonnier qu'on lui avoit annoncé, & par de prompts secours l'auroit rappellé à la vie.

Suite des Mémoires Secrets.

» LE Gouverneur traitoit son » Prisonnier avec le plus profond » respect; il le servoit lui-même & » prenoit les plats, à la porte de la » chambre, des mains des cuisiniers » dont aucun n'a jamais vu le visage » du Comte de Vermandois. Ce » Prince s'avisa un jour de graver » son nom sur le dos d'une assiete » avec la pointe d'un couteau; un » Esclave entre les mains de qui » tomba cette assiete, crut faire sa » cour en la portant au Gouver- » neur, mais ce malheureux fut » trompé, & on s'en défit sur le » champ, afin d'ensévelir avec cet

» homme un ſecret d'une ſi grande
» importance ».

Eſt-ce dans le Royaume de Maroc que cette ſcene s'eſt paſſée ? Louis XIV étoit-il un Sultan ? les Gouverneurs des Places étoient-ils des Bachas ? avoient-ils des muets qui au moindre ſigne & ſans autre forme de procès, alloient exécuter leurs ordres ſanguinaires ? L'homme le plus miſérable a des parens ; Saint-Mars ne ſe ſeroit-il pas expoſé à être pourſuivi par le Parlement de Provence ? Comment peut-on écrire & ſuppoſer que Louis XIV étoit capable d'approuver que l'on verſât le ſang d'un de ſes Sujets innocent & très-innocent ?

Suite des Mémoires Secrets.

» Le Comte de Vermandois fut
» transféré à la Baſtille, lorſque
» Louis XIV en donna le gouver-

» nement au Gouverneur de l'Isle » Sainte-Marguerite, pour récom- » penser sa fidélité. On prenoit la » précaution, à l'Isle Sainte-Margue- » rite & à la Bastille, de faire met- » tre un masque à ce Prince, lors- » que pour cause de maladie, ou » pour quelqu'autre sujet, on étoit » obligé de l'exposer à la vue de » quelqu'un ».

On a vu qu'il est constaté par le Journal de M. du Jonca, que le Prisonnier masqué mourut le 19 Novembre 1703; M. de Voltaire & M. de la Grange-Chancel le font mourir en 1704, du moins ne se sont-ils trompés que d'une année; l'Auteur des *Mémoires Secrets* le ressuscite & le présente vivant en 1723; le Duc (*a*) d'Orléans, dit-il, mou-

(*a*) Sous le nom d'*Ali-Houmajou*.

rut peu de temps après avoir été le voir à la Baſtille & la même année que (*a*) Louis XV fut déclaré majeur; *cette viſite*, ajoute-t-il, *n'eut vraiſemblablement point d'autre motif que de s'aſſurer de l'exiſtence d'un Prince cru mort depuis près de* (*b*) *trente-huit ans, & dont les obſeques s'étoient faites à la vue de toute une armée*. C'eſt-à-dire que le Duc d'Orléans, Régent du Royaume depuis le commencement de Septembre 1715, ne ſçavoit pas poſitivement, en 1723, ſi le Comte de Vermandois étoit ou n'étoit pas à la Baſtille, & que ce ne fut qu'au bout de huit ans qu'il eut la curioſité de s'en éclaircir.

(*a*) Sous le nom de *Cha-Sephi*.

(*b*) Il auroit dû dire, ſuivant ſon calcul, près de quarante ans.

Le R. P. Griffet trouvé que j'ai combattu par de bonnes & fortes raisons l'opinion de ceux qui ont cru que le Prisonnier masqué étoit le Duc de Beaufort; mais il ne pense pas que mes raisons, pour prouver que ce Prisonnier n'étoit point aussi le Comte de Vermandois, soient convaincantes & sans replique.

REPLIQUES du R. P. Griffet.

On prétend que ce Prince n'étoit pas d'un caractere à commettre, contre le Dauphin, l'attentat dont on l'accuse, parce que la *Présidente d'Osembrai* dit, dans une de ses Lettres, *qu'il laissa en mourant des regrets infinis; qu'il avoit donné des marques d'un Prince extraordinaire*,

& que ſa mort fut une douleur publique.

On pouvoit encore ajouter que l'on voit au milieu du Chœur de l'Egliſe Cathédrale d'Arras, où l'on aſſure qu'il fut enterré, une épitaphe très-longue, qui contient l'éloge le plus complet & le plus étendu de toutes ſes belles qualités.

Mademoiſelle de Montpenſier n'en parle pas ſi avantageuſement dans ſes Mémoires. Elle nous apprend, que lorſqu'il partit pour le ſiege de Courtray, *il y avoit peu de temps qu'il étoit revenu à la Cour; que le Roi n'avoit pas été content de ſa conduite, & ne vouloit point le voir; qu'il s'étoit trouvé dans des parties de débauche; que depuis ce temps-là, il étoit fort retiré; qu'il ne ſortoit que pour aller à l'Académie & le matin à la Meſſe; que ceux qui avoient été avec lui, n'étoient pas agréables au Roi; que cela donna beaucoup de chagrin à Madame de la Valiere; qu'il fut bien prêché, & que l'on croyoit qu'il se fût fait un fort honnête homme.*

Voilà certainement des traits qui viennent d'une bonne main, & qui ne s'accordent pas avec les louanges que la Présidente d'Osembrai lui donne dans sa Lettre, ni avec celles que l'on lit dans son épitaphe.

Il tomba malade, ajoute Mademoiselle, *au siege de Courtray, d'avoir bu trop d'eau-de-vie*: ce qui prouve, que malgré la confession générale qu'on lui fit faire, il n'étoit pas bien converti. On dit *qu'il avoit donné de grandes marques de courage*; qualité qui n'est nullement incompatible avec ce caractere violent & emporté, que l'Auteur des *Mémoires Secrets* lui attribue; *& que l'on ne parloit de son esprit & de sa conduite, que selon que l'on a accoutumé, selon qu'on aime les gens :* ce qui paroît fort contraire à ce regret général, & à *cette douleur publique*, dont la Présidente d'Osembrai parle dans sa Lettre; d'autant plus que Mademoiselle dit encore, que M. de Lausun ne lui parlant que de la perte que le Roi & l'Etat avoient faite en M. de Vermandois, en le mettant au-dessus des plus grands hommes qui eussent jamais été, elle lui répondit: *Modérez ces louanges pour que l'on vous puisse croire; un homme de cet âge ne peut avoir toutes les qualités que vous lui donnez.* Paroles qui font voir que ce mérite extraordinaire, que l'on attribue au Comte de Vermandois, dans son épitaphe, étoit au moins problématique.

Les ſentimens étoient donc partagés ſur ce jeune Prince. 1°. Les uns l'élevoient juſqu'aux nues, les autres ne croyoient pas qu'il méritât, à beaucoup près, toutes les louanges que l'on lui donnoit : ce qui paroît certain, c'eſt qu'il avoit été dans la diſgrace du Roi, qui ne vouloit point le voir à cauſe de ſes débauches. 2°. Que pour rentrer dans les bonnes graces de ſon pere, il fit une confeſſion générale, ainſi que Mademoiſelle l'aſſure dans ſes Mémoires. 3°. Qu'il parut avoir changé de conduite & de ſentimens, quoiqu'il ne fût nullement détaché de ſes débauches, puiſque l'on crut, peu de temps après, qu'il étoit tombé malade *d'avoir bu trop d'eau-de-vie*. 4°. Qu'il eut la permiſſion de revenir à la Cour, ſur ce que l'on croyoit *qu'il ſe fût fait fort honnête homme* ; &

qu'il en partit pour se rendre à l'armée qui fit le siege de Courtray.

On a observé qu'il n'eut permission de reparoître à la Cour, que sur la fin d'Octobre 1683, pour y prendre congé avant que de partir pour sa premiere campagne, & qu'il n'y étoit resté que quatre jours; c'est plus qu'il n'en faut pour y faire de grandes fautes. Il avoit certainement des entrées plus libres & plus familieres chez Monseigneur le Dauphin, que les autres Courtisans. Oseroit-on nier qu'il ne soit possible qu'il lui ait manqué de respect jusqu'à un excès que l'on ne pouvoit se dispenser de punir? Ses débauches avérées, qui l'avoient fait tomber dans la disgrace du Roi; l'habitude où il étoit de boire de l'eau-de-vie, jusqu'à se rendre malade, n'annoncent certainement pas un caractere incapable de se porter à une violence excessive dans un transport de colere. On n'a nulle peine à concevoir qu'il pouvoit être plus aigri que corrigé, par la disgrace qu'il venoit d'éprouver, & par la gêne où il avoit été retenu *sans voir personne, & sans sortir que pour aller à l'Académie, & le matin à la Messe.*

RÉPONSE aux Repliques du R. P. Griffet.

Le R. P. Griffet dit, page 339 de son Traité, que comme on ne doit pas juger d'un homme sur le témoignage de son ennemi, il faut, avant que d'en adopter le portrait fait par un Auteur contemporain, examiner si cet Auteur n'avoit pas quelqu'intérêt à le louer ou à le blâmer. Cette regle est très-judicieuse;

comment le R. P. Griffet a-t-il pu s'en écarter & ne pas faire attention à ce qu'il avoit ſous les yeux? Après avoir cité ce que Mademoiſelle de Montpenſier raconte de M. de Vermandois, *voilà certainement*, dit-il, *des traits qui viennent d'une bonne main.* Il auroit dû dire au contraire & avertir le Lecteur que le témoignage de cette Princeſſe devoit être très-ſuſpect, puiſqu'elle dit tout de ſuite, *pour moi, je ne fus pas fâchée de la mort de M. de Vermandois ; j'étois bien aiſe que* (a) *M. du Maine n'eût aucune*

(a) On voit dans les Mémoires de Madame de Maintenon, Tome II, p. 113, toute l'adreſſe avec laquelle on amena Mademoiſelle de Montpenſier à adopter M. le Duc du Maine. « Madame de Monteſpan gagnoit-elle un bijou à une lo» terie, le Duc du Maine le portoit auſſi-

de ces affaires devant lui; c'eſt à dire qu'il n'eût plus un frere qui partageât la tendreſſe de Louis XIV. On voit encore très-clairement que les louanges que l'on donnoit à M. de Vermandois, lui déplaiſoient : *Il me ſembloit*, ajoute-t-elle, *que c'étoit pour dépriſer M. du Maine, de dire que perſonne n'égaleroit jamais M. de Vermandois.* On ne peut pas douter d'après cela qu'elle ne fût très-diſpoſée à déprimer & à entendre déprimer ce jeune Prince, qui certainement étoit jalouſé de la plupart des perſonnes atta-

---

» tôt à cette Princeſſe qui donnoit dans » les pieges tendus à ſa reconnoiſſance & » à ſa crédulité, ſe paſſionnant pour un » enfant qui, tous les matins, lui écri- » voit les plus jolis billets ; elle répon- » doit par des ſentimens de mere, à des » ſentimens ſuggérés ».

chées à M. du Maine & à Madame de Montespan ; & la circonstance qu'il étoit tombé malade *pour avoir bu trop d'eau-de-vie*, devient très-douteuse, lorsque Mademoiselle de Montpensier est la seule qui la rapporte ; on apperçoit dans ses Mémoires que son imagination se laissoit assez souvent guider par sa prévention pour ou contre les personnes dont elle parloit ; je n'en citerai que cette preuve-ci : *Un homme*, dit-elle, *amoureux d'une Demoiselle qui étoit à l'Abbaye au Bois, crut avoir un rival ; il vit sortir du même lieu un homme en chaise ; il fit arrêter les porteurs, & commença par lui dire qu'il lui donneroit mille coups ; M. de Lausun sortit de sa chaise, parla à cet homme, lui fit de grandes excuses, & lui dit, je crois, pour qui il avoit dessein ; on se moqua fort de lui & il l'a bien dé-*

Page 250, derniere Partie.

ſavoué. Quel trait à tranſmettre à la poſtérité ! Comment a-t-elle pu le croire, l'écrire, & vouloir jetter cet oprobre ſur un gentilhomme d'un courage éprouvé à la guerre & en trois combats ſinguliers; qu'elle avoit voulu élever & qu'elle avoit peut-être élevé juſqu'à elle ! Qu'on juge à préſent ſi l'on doit reſter indécis entre ſon témoignage & celui de la Préſidente d'Oſembrai & de M. de Lauſun ; Madame d'Oſembrai ne pouvoit avoir aucune raiſon d'aimer ou de haïr M. de Vermandois; elle écrivoit ce qu'on en diſoit généralement à la Cour & à la Ville, les éloges qu'on en faiſoit & les ſenſibles regrets que ſa mort avoit cauſés ; M. de Lauſun étoit au ſiege de Courtray, & avoit été témoin oculaire de la conduite & des mœurs de ce jeune Prince.

Si j'ai dit que M. de Vermandois étoit débauché, je me ſuis trompé, ne me rappellant pas préciſément ce que j'avois lu dans quelques Ouvrages de ce temps-là; il y eſt dit unanimement que le Prince de Conti (ce même Prince de Conti qui, deux ans après, ſe couvrit de tant de gloire en Hongrie) ſe laiſſa entraîner dans deux parties de débauches, & que ſur le pari d'un cheval avec le Chevalier de Tilladet, & par une ſuite de plaiſanterie & de folie de jeuneſſe plutôt que de libertinage, il s'étoit engagé à amener avec lui le Comte de Vermandois, ſon beau-frere & qui n'avoit que quinze ans; que Louis XIV en fut auſſi-tôt informé; qu'il exila le Prince (*a*) de Conti

(*a*) A ſon retour de Hongrie, en 1685, s'étant enfermé avec ſa femme qui avoit la petite vérole, il gagna cette maladie à Chantilli, & défendit au Comte de Vermandois de se présenter devant lui & à la Cour. Personne n'a dit, & il n'y a pas la moindre preuve que le Comte de Vermandois se soit trouvé depuis dans quelque partie de débauche, & l'on a vu que Mademoiselle de Montpensier même convient *qu'il étoit fort retiré & qu'on croyoit qu'il se seroit fait un très-honnête homme.* Pourquoi le R. P. Griffet veut-il croire *qu'il n'étoit nullement détaché de ses débauches?* parce que, dit-il, Mademoiselle de Montpensier rapporte *qu'il tomba malade au siege de Courtray pour avoir bu trop* (a) *d'eau-*

& en mourut le 9 Novembre, ne laissant point d'enfans. Cette Princesse de Conti, fille de Louis XIV & de Madame de la Valiere, n'est morte qu'en 1739.

(a) Expression dénigrante dont les fem-

de-vie. Il pouvoit avoir fait un ſoupé où l'on avoit bu des liqueurs dont il s'étoit trouvé d'autant plus incommodé qu'il n'y étoit pas accoutumé & qu'il n'avoit que ſeize ans. Pourquoi le R. P. Griffet prétend-il *qu'il étoit dans l'habitude d'en boire*, lorſque Mademoiſelle de Montpenſier ni qui que ce ſoit ne l'en a accuſé? On peut boire quelquefois des liqueurs, ſans être adonné à ce vice, de même que l'on peut s'être trouvé dans quelques parties de débauche, ſans être un débauché.

L'Auteur des *Mémoires Secrets* dit expreſſément *que l'éclat qu'avoit fait à la Cour l'action du Comte de Vermandois, ne permit pas à Louis XIV d'écouter ſa tendreſſe.*

---

mes ne manquent jamais de ſe ſervir contre ceux qui boivent des liqueurs.

Cela ne signifie-t-il pas que le cri de cette action énorme avoit retenti, s'étoit répandu; qu'on l'avoit contée, recontée, & n'ai-je pas eu raison d'en conclure qu'il n'eût pas été possible que Mademoiselle de Montpensier & M. de Lausun n'en eussent eu connoissance? Le R. P. Griffet prétend que l'Auteur des *Mémoires Secrets* a voulu seulement dire que cette action avoit fait assez d'éclat pour qu'on se crût obligé de la punir, & qu'il suffisoit qu'elle eût été connue d'un certain nombre de personnes, sans être tout-à-fait publique. Cette interprétation est-elle bien exacte, & quand même cette action n'auroit pas été *tout-à-fait* publique, est-il concevable que Mademoiselle de Montpensier & M. de Lausun n'en eussent point entendu parler, & que Mademoiselle de Montpensier ne l'eût pas rappellée à M. de Lauſun, lorſqu'il faiſoit de ſi grands éloges, de M. de Vermandois? D'ailleurs, puiſque l'action avoit fait aſſez d'éclat *pour qu'on ſe crût obligé de la punir*, n'étoit-il pas indiſpenſable de la punir avec éclat; au lieu que, ſuivant l'Auteur des *Mémoires Secrets*, on prit toutes les précautions poſſibles pour que la punition en fût ignorée?

Suite des Repliques du R. P. Griffet.

On ne craindra point de dire que les précautions étonnantes que l'on prit pour cacher le nom de ce Priſonnier, pendant ſa vie & après ſa mort, s'expliquent bien plus naturellement dans l'opinion de l'Auteur des *Mémoires Secrets*, que dans tous les autres. Car si l'on suppose que ce Prisonnier étoit le Comte de Vermandois, qui ne voit que c'eût été donner un très-grand éclat à un affront fait au Dauphin, que l'on vouloit ensévelir dans l'oubli, que d'en rendre la punition publique ? qui ne voit que c'eût été plonger dans une abyme d'affliction la mere & la sœur de ce jeune Prince, dont l'une à la vérité ne paroissoit plus à la Cour, mais dont l'autre y étoit toujours particuliérement chérie du Roi, qui retrouvoit en elle les graces de sa mere? Quelle nouvelle à leur annoncer, que la détention éternelle d'un fils & d'un frere enfermé pour le reste de ses jours! & qu'elles précautions ne falloit-il pas prendre pour que ce terrible châtiment ne parvînt jamais à leur connoissance ! On ne prétend pas assurer ici comme un fait certain, l'eſpece de crime que l'on vouloit punir dans la perſonne de ce Priſonnier. Mais quand même celui qu'on lui impute dans les *Mémoires Secrets*, ſeroit démontré faux, il ne s'enſuivroit pas de là, qu'en ſe trompant ſur la nature du crime, on ſe trompât également ſur la perſonne. Combien d'autres fautes un jeune homme vif & emporté ne pouvoit-il pas commettre, qui euſſent mérité & même exigé la plus ſévere punition?

Les raiſons que l'on avoit de cacher ſon nom pendant ſa vie, ſubſiſtoient encore après ſa mort. Pouvoit-on annoncer une fin ſi triſte & ſi déplorable à la mere & à la ſœur de ce jeune Prince, qui lui ont ſurvécu, ſans les accabler d'une douleur extrême, qu'il étoit naturel, après un ſi long oubli, que l'on voulût leur épargner?

RÉPONSE

RÉPONSE aux Repliques du R. P. Griffet.

Est-il vraiſemblable que Louis XIV & ſon Conſeil euſſent pris une réſolution auſſi étrange, auſſi biſarre, auſſi difficile dans l'exécution, que celle d'obliger le Comte de Vermandois de feindre une maladie; de le faire enlever au milieu de tous ſes domeſtiques, ſans qu'aucun pût s'en appercevoir, & de l'envoyer maſqué, ſous une eſcorte bien diſcrete, à l'autre bout du Royaume, tandis que par une momerie peu décente, on lui feroit de magnifiques obſeques, avec meſſes, *de profundis* pour le repos de ſon ame, & une épitaphe où on lui prodigueroit les plus grands éloges, malgré l'éclat qu'auroit fait ſon attentat,

& la juſte indignation que ces éloges exciteroient dans le cœur de tous ceux qui auroient ſçu à quel point il s'étoit rendu coupable? N'auroit-il pas été tout ſimple de faire courir, le bruit que ſes débauches, puiſqu'on veut qu'il fût un débauché, lui avoient affoibli, dérangé la tête; qu'il avoit, depuis quelque temps, des vertiges, des accès de folie & même de fureur; qu'il venoit d'en donner tout récemment des marques chez M. le Dauphin; qu'en conſéquence on alloit l'enfermer dans une Citadelle; Madame de la Valiere & Madame la Princeſſe de Conti auroient-elles pu ſe récrier contre cette punition, lorſque d'ailleurs, en le faiſant ſoigneuſement garder, on lui auroit laiſſé la permiſſion de ſe promener & de recevoir quelquefois des viſites? ce châtiment n'auroit-il pas été plus naturel, plus assorti à la tendresse d'un pere, que de condamner un fils, & un fils qui n'avoit que seize ans, à être enséveli dans l'obscurité d'une prison & à ne voir que le chef de ses gardiens?

Mais, dit le R. P. Griffet, *n'eussé pas été donner un très-grand éclat à un affront fait* à M. le Dauphin, *que l'on vouloit enséveler dans l'oubli, que d'en rendre la punition publique?* Le Roi & M. le Dauphin peuvent-ils recevoir un affront d'un de leurs sujets? Une violence ne devient un affront qu'autant qu'on est en état & en position d'en tirer vengeance par la voie des armes; M. le Dauphin pouvoit-il appeller en duel le Comte de Vermandois? d'ailleurs les préjugés du point d'honneur, même entre simples gentilshommes, exigent-ils que deux freres, quoiqu'ils se soient violemment outragés, aillent ſe battre & s'égorger?

Ni Mademoiſelle de Montpenſier, ni aucun autre n'a dit que le Comte de Vermandois étoit *fier & emporté ;* l'Auteur des *Mémoires Secrets* eſt le ſeul qui lui attribue un pareil caractere, & l'on eſt très-fondé à croire qu'il n'a imaginé de le lui attribuer, que pour donner quelque vraiſemblance à l'inconcevable anecdote qu'il vouloit rapporter. S'il eût été *fier & emporté ; s'il n'eût laiſſé échapper aucune occaſion de parler avec mépris du Dauphin & de plaindre les François d'être deſtinés à obéir un jour à un Prince ſans eſprit & ſi peu digne de les commander*, ces diſcours répétés *en toute occaſion*, ne feroient-ils pas revenus à Mademoiſelle de Montpenſier? eſt-il naturel d'imaginer qu'elle les eût ignorés, & n'auroit-elle donc pas dit à M. de Lauſun qu'il étoit bien étonnant qu'il donnât les plus grands éloges à un jeune homme d'un caractere violent, emporté, d'une inſolence qui alloit juſqu'à la folie, & qui venoit enfin de ſe procurer la mort par la honteuſe habitude où il étoit de boire de l'eau-de-vie? Se ſeroit-elle contentée de répondre, *modérez ces louanges pour qu'on les puiſſe croire; un jeune homme de cet âge-là ne peut avoir toutes ces qualités?*

Suite des Repliques du R. P. Griffet.

M. DE PALTEAU dit dans ſa Lettre, que l'Homme au maſque étoit connu dans l'Iſle Sainte-Marguerite & à la Baſtille, ſous le nom de *la Tour*. On ne lit rien de pareil dans le Journal de M. du Jonca, & ſi on lui eût donné ce nom, qui eſt ſi commun qu'il ne paroît déſigner aucun homme de marque, il y a lieu de croire que l'on n'eût fait aucune difficulté de le mettre ſur le Regiſtre mortuaire de la Paroiſſe de S. Paul où il fut enterré, ou quelqu'autre nom ſemblable. Mais non, l'on lui donne ſur ce Regiſtre, le nom de *Marchiali;* mot évidemment fabriqué exprès, & qui par-là même, fait juger que ce n'eſt point un nom véritable. Par quel haſard eſt-il arrivé qu'en tranſpoſant les lettres qui forment ce nom biſarre, pour en faire une anagramme, on y trouve, lettre pour lettre, ces deux mots, l'un latin, & l'autre françois: *Hic Amiral*, c'eſt l'Amiral? On eſt bien éloigné de donner cette anagramme comme une preuve. Il n'eſt nullement vraiſemblable que ceux qui avoient inventé ce nom, euſſent voulu trahir par-là le ſecret qui leur étoit confié, dans le temps même qu'ils prenoient tant de précautions pour le garder ; mais on ne peut nier que cette rencontre, quand même elle ſeroit fortuite, n'ait quelque choſe de fort ſingulier : elle pourroit convenir au Duc de Beaufort, comme au Comte de Vermandois, ſi l'on n'avoit de fortes raiſons de l'appliquer à celui-ci plutôt qu'à l'autre.

A l'égard de l'âge de quarante-cinq ans, attribué à ce Priſonnier ſur le Regiſtre mortuaire de la Paroiſſe de S. Paul, il ne conviendroit ni au Duc de Beaufort, qui eût été beaucoup plus âgé ; ni au Comte de Vermandois, qui n'auroit eu que trente-ſix ans ; ni au Duc de Montmouth qui en auroit eu cinquante-quatre. Mais on n'eſt pas ſûr que ceux qui dreſſerent cet Acte, & qui le ſignerent, euſſent pris la peine de ſupputer bien exâctement les années que ce Priſonnier avoit vécu ; & s'ils l'avoient fait, peut-être n'auroient-ils pas voulu en laiſſer une marque à la poſtérité.

RÉPONSE.

Il ſeroit très-facile de faire des anagrammes bien plus ſingulieres que celle que rapporte le R. P. Griffet, ſi l'on pouvoit s'aider de deux Langues ; malgré ce ſecours irrégulier, elle n'eſt pas encore exacte, puiſqu'il eſt très-certain que ſur le Regiſtre de ſépulture, *Marchialy* eſt écrit ainſi par un *y* grec,

& que ce *hyc*, ſi bien imaginé, n'eſt donc plus ni françois, ni latin, ni, je crois, d'aucune Langue. D'ailleurs, ſi l'on avoit voulu déſigner qui étoit le mort, auroit-on penſé à ſa Charge, dont il n'avoit jamais fait les fonctions, & qu'un autre (le Comte de Toulouſe) poſſédoit depuis vingt ans ? Avoit-il été d'uſage de l'appeller *M. l'Amiral*, & ne voit-on pas le contraire dans les Mémoires de Mademoiſelle de Montpenſier, dans la Lettre de Madame d'Oſembrai & dans tous les Livres où il eſt parlé de lui ? N'eût-il pas été très-aiſé de faire une anagramme de *Vermandois* ? Mais ce qui doit paroître très-extraordinaire, & ce que le R. P. Griffet a oublié de remarquer, c'eſt qu'on ait enterré un homme dans un cimetiere chrétien, & qu'on ait mis ſon nom ſur le Regiſtre de ſépulture d'une Paroiſſe, ſans y joindre ſon nom de baptême, le principal ſigne de notre Religion, & qu'on n'eſt ni Juif, ni Mahométan.

Suite des Repliques du R. P. Griffet.

Il ne faut pas s'imaginer que l'Auteur des *Mémoires Secrets*, ſoit le premier qui ait imputé au Comte de Vermandois l'attentat dont il s'agit; on en avoit parlé avant que ces Mémoires aient paru, ſur une de ces traditions qui ont à la vérité beſoin d'être prouvées, mais qui ne ſont pas toujours fauſſes. Le ſouvenir de celle-ci s'étoit toujours conſervé, quoi qu'on n'en fît pas beaucoup de bruit du temps du feu Roi, par la crainte de lui déplaire;

c'eſt de quoi beaucoup de gens qui ont vécu ſous ſon regne, pourroient rendre témoignage.

RÉPONSE.

TACITE dit qu'il ſemble qu'on a de la peine à ſe perſuader que les Princes & les Hommes extraordinaires, quand ils meurent jeunes, ſoient morts d'une mort naturelle. M. de Vermandois étoit le fils chéri d'un grand Monarque, & d'une Perſonne qui avoit achevé de ſe rendre célebre & intéreſſante en ſe faiſant Religieuſe; il étoit beau, bien fait, & donnoit les plus grandes eſpérances, diſent tous les Hiſtoriens; il fut également regrété du Soldat & de l'Officier; on s'entretenoit de ſa figure, de ſa jeuneſſe, de ſon courage; peut-être que les perſonnes de la Cour de M. le Dauphin, ne parurent pas fâchées de ſa mort; tant de faux bruits qui courent tous les jours, prouvent que ſouvent il n'en faut pas tant pour faire imaginer à quelqu'un une nouvelle où il n'y a pas la moindre circonſtance qui ſoit vraie. Pourquoi n'eſt-il pas dit un ſeul mot de l'anecdote en queſtion dans tant de Livres qui ont paru depuis la mort de Louis XIV? Eſt-ce qu'aucun des Auteurs de ces Livres n'en avoit entendu parler, ou n'eſt-ce point que tous l'ont regardée comme très-fauſſe, très-inconcevable & très-mal imaginée à tous égards? Comment ce peut-il que le R. P. Griffet, avec tant de diſcernement, de ſagacité & d'uſage du monde & de l'Hiſtoire, n'en porte pas le même jugement?

Dix-ſept ou dix-huit mois avant

la mort du Prisonnier masqué, Constantin de Renneville fut mis dans la même prison ; il y resta plusieurs années ; dès qu'il en fut sorti, il repassa en Angleterre & en Hollande, & y fit imprimer son *Histoire de la Bastille*, où il a entassé le vrai & le faux avec l'impudence la plus outrée, & dans le style le plus grossier. Il raconte qu'un jour étant entré dans une Salle, on fit promptement tourner le dos à un homme qui y étoit, pour qu'il ne pût pas lui voir le visage ; que Reilhe, le Chirurgien-Major, & Ru, le Porte-clefs, lui avoient dit, quelque-temps après, que ce Prisonnier étoit d'une naissance distinguée ; qu'à la sollicitation des Jésuites chez qui il étudioit, Louis XIV l'avoit condamné à une prison perpétuelle, il y avoit trente-un an, pour avoir fait des Vers con-

Préface, T. I, p. 49.

tr'eux ; qu'il avoit été détenu, pendant plusieurs années, à l'Isle Sainte-Marguerite d'où M. de Saint-Mars l'avoit amené à la Bastille avec des précautions extraordinaires pour que personne ne le vît dans la route. *Cet homme*, ajoute-t-il, *dont je n'ai pu sçavoir le nom, étoit de moyenne taille bien* (a) *traversée, portant cheveux d'un crêpé noir fort épais & dont aucun n'étoit encore mêlé. Etant devenu, pendant sa prison, l'héritier de toute sa famille qui possédoit de grands biens, il obtint des Jésuites, deux ou trois mois après que je l'eûs vu, sa grace & son élargissement, moyennant de l'argent.* Il seroit ridicule de s'arrêter à réfu-

(*a*) C'est d'un cheval fort du dessous & large du poitrail, qu'on dit *qu'il est bien traversé.*

ter un conte aussi méprisable que celui de dire que les Jésuites ne se seroient pas contentés de faire bien fouetter leur Ecolier, & qu'ils auroient été demander à Louis XIV que ce fils de gens de qualité & très-riches, fût condamné à une prison perpétuelle, pour avoir fait des Vers contr'eux, & c'auroit donc été ce Poëte que M. de Saint-Mars traitoit avec tant de respect; mais la fausse confidence que le Chirurgien-Major & le Porte-clefs firent à Renneville, mérite quelque réflexion; il dit positivement que ce fut en 1705 qu'ayant vu par hasard cet homme, à qui l'on fit promptement tourner le dos, ils lui en conterent l'histoire; or, ils sçavoient que le Prisonnier masqué étoit mort en 1703; que doit-on présumer de leur fausse confidence? que même après sa mort, on continuoit toujours à tâcher de détourner les ſoupçons qu'on avoit eus, ou qu'on pourroit avoir. Peut-être auſſi qu'excepté M. de Saint-Mars, aucun Officier à l'Iſle Sainte-Marguerite & à la Baſtille, n'avoit ſçu véritablement qui il étoit, & que ce Gouverneur avoit affecté de jetter de fauſſes lueurs ſur ce myſtérieux événement.

Ceux qui voudront toujours croire que c'étoit le Comte de Vermandois, pourront ajouter une remarque aſſez ſinguliere aux autres circonſtances de ſon anecdote : c'eſt qu'il ſeroit mort à la Baſtille le 19 Novembre 1703, précisément le même mois & le même jour, vingt ans après qu'on l'avoit cru mort en Flandres, la nuit du 18 au 19 Novembre 1683, ſelon pluſieurs Relations.

Je vais à préſent rappeller mon

opinion, telle que je la publiai il y a deux ans; ensuite on verra mes réponses aux objections du R. P. Griffet, avec les nouvelles recherches que j'ai faites & les nouveaux éclaircissemens que je crois avoir eus; & j'espere qu'on trouvera qu'il n'est point aussi révoltant qu'il le dit, de supposer qu'un Prince qu'on a cru publiquement décapité à Londres, ne l'ait point été.

Le Prisonnier masqué étoit le Duc de Montmouth, fils de Charles II, Roi d'Angleterre, & de Lucie Valters. L'extrême affection que le peuple avoit pour lui, & l'idée que la Nation Angloise, quoiqu'elle semblât s'être soumise à Jacques II, n'atendoit qu'un chef pour chasser du trône un Roi *Papiste*, lui firent former une entreprise qui auroit pu lui réussir si elle n'avoit pas été si prématurée. Il débarqua à Lime, dans le Comté de Dorset, n'ayant guere que cent vingt hommes à sa suite; il se trouva bientôt à la tête de près de six mille; quelques Villes se déclarerent pour lui; il s'y fit proclamer Roi, soutenant que sa naissance étoit légitime & qu'il avoit le contrat & les preuves du mariage de Charles II avec (*a*) ſa mere. Il attaqua près de Bridgevater, l'armée Royale commandée par Milord Fewersham; après trois heures de combat, la victoire commençoit à ſe déclarer pour lui, lorſque la poudre & les balles manquerent à ſes troupes; la lâcheté du Lord Grai, qui commandoit ſa cavalerie, acheva de les décourager; elles prirent la fuite; le malheureux Montmouth ne put échapper à ceux qui le pourſuivoient; il fut conduit à Londres & condamné à être décapité le 15 Juillet 1685. Tous les Hiſtoriens rapportent qu'il étoit très-brave, très-affable, d'un caractere doux & d'une figure très-noble & très-belle. *Telle fut*, dit M. Hume,

(*a*) Le Duc de Montmouth étoit né onze ans avant le rétabliſſement de Charles II ſur le trône.

à l'âge de trente-ſix ans, la fin d'un Seigneur que ſes belles qualités auroient pu rendre l'ornement de la Cour & capable de bien ſervir la Patrie. La tendreſſe que le Roi ſon pere avoit eue pour lui, les careſſes d'une nombreuſe faction, & les amorces de l'affection populaire, l'avoient engagé dans une entrepriſe ſupérieure à ſes forces. L'amour du peuple le ſuivit dans toutes les variétés de ſa fortune. Après ſon exécution même, ſes partiſans conſerverent l'eſpérance de le revoir à leur tête; ils ſe flatterent que le priſonnier qu'on avoit exécuté, n'étoit pas le Duc de Monmouth, mais quelqu'autre qui, lui reſſemblant beaucoup, avoit eu le courage de mourir à ſa place & de lui donner cette preuve de ſon extrême attachement.

Il eſt certain que le bruit courut dans Londres qu'un Officier de ſon armée, qui lui ressembloit beaucoup, fait prisonnier, & sûr d'être condamné à mort, avoit reçu la proposition de passer pour lui avec autant de joie que si on lui eût accordé la vie; & que sur ce bruit, une grande Dame ayant gagné ceux qui pouvoient ouvrir son cercueil, & lui ayant regardé le bras droit, s'étoit écriée, *ah! ce n'est pas lui.*

Quelques jours après que le Roi Jacques eut abandonné ses Royaumes, dit l'Auteur d'un Livre qui a pour titre, Amours de Charles II & de Jacques II, Rois d'Angleterre, *le Comte Danby envoya chercher le Colonel Skelton, qui avoit eu ci-devant la Lieutenance de la Tour, & à qui le Prince d'Orange l'avoit ôtée pour la donner au Lord Lucas: M. Skelton*, lui dit le Comte Danby, *hier en soupant avec Robert Johnston, vous lui dites que le Duc de Mont-*

Page 74 & 75, premiere Partie.

mouth étoit vivant, & qu'il étoit enfermé dans quelque Château en Angleterre : je n'ai point dit qu'il étoit vivant & enfermé dans quelque Château, puiſque je n'en ſçais rien, répondit Skelton ; *mais j'ai dit que la nuit d'après la prétendue exécution du Duc de Montmouth, le Roi accompagné de trois hommes, vint lui même le tirer de la Tour ; qu'on lui couvrit la tête d'une eſpece de capuchon, & que le Roi & les trois hommes entrerent avec lui dans un carroſſe.*

Je ſçais le peu de cas qu'on doit faire de ce qui eſt rapporté dans des Livres pareils à celui que je viens de citer, & dont les Auteurs ne cherchent qu'à amuſer leurs Lecteurs en mêlant des fiction agréables à quelques vérités ; mais cette anecdote, vraie ou fauſſe, m'a rappellé ce que d'autres & moi avons entendu raconter plus d'une fois au P. Tournemine. Etant allé faire visite à la Duchesse de Porsmouth, avec le Confesseur du Roi Jacques, le P. Sanders, elle leur dit, dans une suite de conversation, qu'elle reprocheroit toujours à la mémoire de ce Prince, l'exécution du Duc de Montmouth, après que Charles II, à l'heure de la mort, & prêt à communier, lui avoit fait promettre devant l'Hostie que Huldeston, Prêtre Catholique, avoit secrétement apportée, que quelque révolte que tentât le Duc de Montmouth, il ne le feroit jamais punir de mort : aussi ne l'a-t-il pas fait, répondit avec vivacité le P. Sanders.

Nelaton, Chirurgien Anglois, alloit tous les matins au Caffé de Procope ; il y a raconté plusieurs fois qu'étant premier Garçon chez un Chirurgien, près de la Porte Saint-Antoine, on vint un jour le chercher pour une ſaignée, & qu'on le mena à la Baſtille; que le Gouverneur l'introduiſit dans la chambre d'un Priſonnier qui avoit la tête couverte d'une longue ſerviette nouée derriere le cou; que ce Priſonnier ſe plaignoit de grands maux de tête; que ſa robe de chambre étoit jaune & noire à grandes fleurs d'or, & qu'à ſon accent, il avoit très-bien remarqué qu'il étoit Anglois.

Le bruit courut, en Provence, qu'il y avoit à la Citadelle de l'Iſle Sainte-Marguerite, un Prince Turc, nommé Macmouth, qu'on y gardoit avec beaucoup de précautions; ne ſeroit-il pas aſſez vraiſemblable qu'un Matelot Provençal, plus familiariſé avec les noms de Muſtapha, de Selim, de Macmouth, qu'avec qu'avec les noms Anglois, ait cru lire Macmouth ſur l'aſſiette d'argent jettée par la fenêtre, & où d'ailleurs le nom de Monmouth écrit avec la pointe d'un couteau, pouvoit ne pas être trop liſible.

Outre que le Duc de Monmouth étoit d'une figure (*a*) diſtinguée, il eût été très-difficile de le tenir bien caché en Angleterre; d'ailleurs il n'étoit pas poſſible que Jacques II ne réfléchît quelquefois qu'un Roi Catholique Romain ne pourroit ja-

---

(*a*) On prétend qu'il avoit été paſſionnément aimé de pluſieurs femmes, entr'autres de la Princeſſe d'Orange, pendant le ſéjour qu'il fit en Hollande. On lit dans les Mémoires de M***, pour ſervir à l'Hiſtoire du dix-ſeptieme Siecle, Tome III, page 255, que la nouvelle de ſa mort inſpira à cette Princeſſe la haine la plus violente contre ſon pere qu'elle parvint dans la ſuite à détrôner.

mais être fort agréable aux Anglois; que dans ce Royaume, les factions se forment & que les troubles s'y élevent très-aisément; que le Gouverneur d'une Forteresse ou d'une Ville s'y croit moins placé par le Roi que par la Nation, & que s'il imagine qu'il est de l'intérêt de la Patrie de délivrer un Prisonnier, il ne tardera pas à le mettre en liberté. Lié par un serment solemnel, par la reconnoissance & le respect qu'il devoit à la mémoire d'un frere * qui l'avoit toujours beaucoup aimé, Jacques II, en accordant la vie au Duc de Monmouth, pensa donc qu'il seroit hors de toute inquiétude à son égard, en le faisant passer en France, & que Louis XIV, quand même leurs intérêts communs changeroient, étoit incapable de jamais trahir sa confiance.

* Charles II.

Enfin, qu'on cherche, qu'on liſe, qu'on réfléchiſſe ſur tous les événemens de ces temps-là, trouvera-t-on, je ne dis pas ſeulement en France, mais même dans toute l'Europe, quelque Prince à l'égard de qui l'on puiſſe imaginer qu'il ait été de la plus grande importance qu'on ignorât ſa détention & qu'on prît toutes les précautions qu'on prenoit pour cacher qui étoit le Priſonnier au maſque ? Je n'en vois aucun, excepté le Duc de Monmouth.

Nouvelles Remarques sur le Prisonnier masqué, insérées dans le Journal Encyclopédique, Novembre 1768, p. 112.

APRÈS avoir lu dans votre dernier Journal l'Extrait de l'Ouvrage où M. de Saintfoix ouvre une nouvelle vue sur le Prisonnier masqué, j'ai recouru avec empressement aux révolutions d'Angleterre sous le regne de Jacques II, imprimées en 1689, à Amsterdam, en un volume *in*-12 de 464 pages. C'est un de ces Libelles dont les Réfugiés François, soudoyés par le Roi Guillaume, remplissoient alors l'Europe; il a eu le sort des Ouvrages de ce genre, le sort de tous les Ouvrages de parti, qui survivent à peine à la chaleur qui les a produits ; mais pour les détails, ils ont le mérite que l'on ne peut refuser aux Ecrits contemporains.

Voici de quelle maniere s'explique celui dont il s'agit sur la catastrophe du Duc de Monmouth (page 67) :

Arrêté après sa défaite, le cœur l'abandonna, dès qu'il cessa d'être libre. Il ne se contenta pas d'écrire au Roi, il écrivit aussi une Lettre très-touchante à la Reine douairiere. Cette Princesse obtint du Roi que non-seulement il verroit ce malheureux Prince, mais qu'il lui accorderoit une longue audience en présence de deux Secrétaires. Le Duc se présenta donc devant le Roi, se jetta à ses pieds, répondit à plusieurs questions qu'il lui fit, lui avoua qu'il méritoit la mort, & le conjura, les larmes aux yeux, de ne pas user de son droit ; & de lui accorder, en lui accordant la vie, une grace dont il ne se rendroit jamais indigne ; il lui répéta les exemples de plusieurs grands Princes qui s'étoient laissés toucher en pareilles occasions, & qui ne s'étoient pas repentis de ces actes de générosité & de clémence ; & pour achever de l'attendrir, il lui dit qu'il étoit fils de Charles II ; & qu'en le faisant mourir, il répandroit son propre sang. Le Roi n'eut pas la dureté de lui répondre, comme Philippe II, que lorsqu'il avoit du mauvais sang, il se le faisoit tirer. Mais il n'eut pas la générosité de lui accorder la vie ; il lui répondit qu'il le plaignoit : que son crime n'étoit pas de nature à demeurer impuni, & que la politique en exigeoit le châtiment.

En effet, aussi-tôt après la conférence, le Duc fut conduit à la

Tour, où la Duchesse son épouse le vint voir, dans une tristesse mortelle; & le lendemain, le Roi ayant signé l'arrêt de mort, il en reçut la nouvelle, sans la moindre émotion du monde, parce qu'il avoit eu le temps de s'y préparer.

Le 18 Juillet (le 15 suivant M. Hume) le Lieutenant de la Tour le fut prendre dans un carrosse de deuil, entre les neuf à dix heures du matin, & l'ayant mené jusqu'à la terrasse de la Tour, il fut reçu là par les Chérifs. Trois Evêques & deux Docteurs monterent dans le carrosse. L'échaffaud étoit couvert d'un tapis de velours noir, & l'Exécuteur vêtu de deuil, car on le vouloit traiter en Prince.

Comme le Duc avoit donné par écrit tout ce qui pouvoit concerner l'Etat, il protesta en arrivant sur l'échaffaud, qu'il n'avoit pas dessein de beaucoup parler ; & ſe réduiſit à dire qu'il mouroit Proteſtant & plein de repentance de ſes péchés. Les Evêques & les Chérifs lui firent néanmoins pluſieurs demandes auxquelles il répondit ; mais comme il leur fit connoître ſouvent qu'il n'étoit là que pour mourir, & qu'il avoit tout dit, il ſe tourna vers l'Exécuteur, à qui il donna ſix guinées pour qu'il ne le fît pas ſouffrir ; précaution inutile, car il lui donna cinq coups avant que de lui emporter la tête de deſſus les épaules. On dit même que ce miſérable Prince tourna la tête au troiſieme coup, & qu'il regarda le Bourreau, & qu'alors le Bourreau laiſſa tomber la hache, en diſant qu'il ne pouvoit l'achever, & qu'il ne ſçavoit où il en étoit. On lui fit cependant reprendre la hache, & il en donna encore deux coups, & comme la tête ne laiſſoit pas de tenir encore au corps, il acheva de l'en séparer avec un couteau.

Les personnes les moins pénétrantes attribuerent cette cruauté à la timidité de l'Exécuteur : mais les plus intelligentes demeurerent d'accord que cela étoit concerté, & que le Bourreau avoit des ordres : en effet on en avoit ainsi usé, ou à peu près, lorsqu'on avoit tranché la tête à Milord Russel. Enfin le Duc de Monmouth mourut après avoir beaucoup souffert. On mit le reste de son corps dans une biere couverte de velours noir, qu'on porta dans un carrosse de deuil; à la Tour, où on l'enterra dans la Chapelle du Palais.

S'il faut ajouter foi à ce que disent la plupart des gens, la Religion Protestante ne perdit pas beaucoup en perdant le Duc de Monmouth : on dit qu'il avoit été élevé dans la Religion Romaine, & qu'il *étoit Papiste dans l'ame, & que ce qu'il alléguoit dans son manifeste, n'étoit que langage politique; mais comme il n'appartient qu'à Dieu de scruter les cœurs, & qu'il déclara qu'il mouroit Protestant, on le doit croire charitablement; au reste son entreprise fut fort imprudente; il s'engagea dans un dessein téméraire; c'étoit rebellion de sa part, puisqu'il n'étoit point autorisé: enfin, Dieu vouloit réserver à un plus grand Prince la gloire de sauver l'Angleterre (le Prince d'Orange).*

Le même Ecrivain ajoute, p. 86, *que peu après l'exécution du Duc, le Roi mit en liberté la Duchesse & ses enfans, en les rétablissant dans tous leurs biens.*

Ces détails contemporains, plus étendus, plus circonstanciés que ceux dans lesquels Rapin Thoiras & M. Hume sont entrés sur le même événement, favoriſent en quelques parties la nouvelle opinion de M. de Saintfoix; mais il paroît difficile de les concilier avec un fait qu'ils articulent préciſément.

Les proteſtations du Duc de ne point parler & de n'avoir rien à dire dans ces derniers inſtans où, comme le Cygne, l'Anglois eſt plus babillard que dans tout le cours de ſa vie, ſemblent annoncer de la part du perſonnage chargé du rôle du Duc, la crainte de trahir le ſecret dont il étoit chargé. Ses reſſemblances avec le Duc ne s'étendoient ſans doute ni à celle de la voix, ni à celle du geſte & de l'action qui devoient accompagner un diſcours ſuivi.

Mais le choix de l'heure pour l'exécution (neuf à dix heures du matin, au mois de Juillet) aux yeux de la foule de tous états que devoit attirer une exécution auſſi importante, convenoit bien peu à l'eſcamotage que ſuppoſe M. de Saintfoix ; les flambeaux euſſent été plus favorables; à la faveur de mille contre-temps qui naiſſent ſouvent d'eux-mêmes, & qu'il eſt ſi aiſé de faire naître, on n'auroit pas ſans doute négligé de ſe ménager cet avantage.

En franchiſſant la difficulté de trouver un homme dont la reſſemblance avec le Duc qui avoit paſſé ſa vie au milieu de Londres, eût été aſſez marquée pour faire illuſion à cette Ville, dans une circonſtance qui attiroit & fixoit ſur lui tous les regards, il faut ſuppoſer bien du merveilleux pour avoir pu trouver quelqu'un, même parmi des condamnés à mort, qui ſe ſoit volontairement chargé d'un rôle auſſi dangereux.

Dans cette ſuppoſition, le regard lancé par le Patient ſur le Bourreau, après le troiſieme coup de hache, pourra être regardé comme un reproche à ceux qui lui avoient promis qu'il mourroit ſans douleur & ſans ſentir la mort : la maladreſſe même du Bourreau & ſa proteſtation de ne pouvoir achever, pourront auſſi être attribués à la connoiſſance qu'il avoit de la *ſuppoſition de la perſonne.*

Quant à ce que dit M. Hume *des eſpérances des Partiſans du Duc qui ſe flattoient de le voir encore à leur tête*, il ſuffit d'obſerver que les Anglois ont toujours cru, qu'encore aujourd'hui ils croient aux Revenans, & que leur Hiſtoire eſt un tiſſu de mouvemens, de guerres & de révolutions occaſionnés par de pareils fantômes.

Le fait ſuppoſé on conçoit aiſément l'intérêt qu'auroit eu Louis XVI de tenir en sa possession la personne du Duc de Monmouth que le Prince d'Orange avoit fait passer en Angleterre pour y préparer les voies qu'il méditoit. Jacques II venant à mourir sans postérité masculine, le Prince qui lui naquit depuis son avénement au trône, mourant aussi sans postérité après avoir survécu à son pere, la France auroit pu faire reparoître dans le Duc un nouveau Prétendant que les Anglois eussent accueilli d'autant plus favorablement, que Stuart par son pere, Anglois par sa mere, professant la Religion Anglicane, il avoit tout l'essentiel de ce qu'exigeoit la Nation pour la succession au trône.

Les Remarques qu'on vient de lire, ne peuvent être que d'un homme d'esprit. Je crois que mes raisons lui ont paru très-probables, & qu'il souhaite uniquement que je puisse répondre à la difficulté sur la ressemblance. A l'égard de la relation qu'il cite, elle n'est pas conforme, en quelques circonstances, à celle qui fut publiée le lendemain de l'exécution.

OBJECTIONS du R. P. Griffet.

Si l'on dit que cet homme étoit le Duc de Monmout, les précautions que l'on prit pour cacher son nom deviennent inexplicables, surtout après sa mort, qui arriva certainement en 1703. Alors le Roi Charles II, son pere, n'étoit plus; le Roi Jacques II, son oncle, étoit mort en 1701 ; & le Roi Guillaume, Prince d'Orange, en 1702. La Reine Anne, fille de Jacques II, étoit montée sur le trône d'Angleterre : craignoit-on qu'elle ne sollicitât la délivrance du Duc de Monmouht, si elle eût sçu qu'il étoit à la Bastille ? Elle eût mieux aimé le sçavoir là, que de le voir en Angleterre, puisque du caractere dont il étoit, il eût été capable d'y former des conjurations & des cabales pour la détrôner, comme il en avoit fait pour détrôner Jacques II. Craignoit-on que la nouvelle de sa mort n'accablât de douleur la Reine d'Angleterre, veuve de Jacques II, & le Prétendant, leur fils, qui détestoient tous deux le Duc de Monmouth, comme un rebelle qui avoit pris les armes pour disputer la couronne au Roi Jacques ? Si l'on avoit sçu en Angleterre que Jacques, au lieu de lui faire trancher la tête, avoit consenti qu'il fût seulement condamné à une prison perpétuelle, cet acte de clémence auroit imposé silence à ses ennemis, qui lui ont toujours reproché la mort du Duc de Monmouth comme un acte de cruauté, quoique ce ne fût qu'un acte de justice.

De plus, pour soutenir que ce Duc étoit l'Homme au masque, il faut nécessairement supposer qu'il ne fut pas décapité à Londres, le 25 Juillet 1685, comme tout le monde l'a écrit, & comme tout le monde l'a cru; mais qu'un homme, qui lui ressembloit, fut assez généreux pour consentir à être décapité à sa place. Il faut supposer que les Officiers de Justice, & les Soldats qui le conduisirent à l'échaffaud, & qui avoient tous vu cent fois le véritable Duc de Monmouth, y furent eux-mêmes trompés; supposition qui paroît si absurde, qu'il n'est pas possible de l'admettre quand on l'examine avec attention: on en apporte cependant deux preuves.

La premiere, c'est qu'on l'a entendu dire au Pere Tournemine; mais ceux qui l'ont connu, avoueront sans peine que le témoignage de cent Peres Tournemine ne suffiroit pas pour vérifier un fait de cette nature. Ce Pere étoit un homme d'une imagination vive, & toujours enflammée, à peu près comme celle de Mainbourg, (quoiqu'il s'exprimât plus noblement que lui, & qu'il fût peut-être plus savant à divers égards,) il aimoit à raconter des choses extraordinaires, sans trop s'embarrasser si elles étoient exactement vraies; ce qui faisoit dire, quand on rencontroit des gens du même caractere:

» Il reſſemble à Tournemine
» Qui croit tout ce qu'il imagine.

C'eſt ce qu'on voit dans une Lettre ſatyrique, imprimée au commencement de la Régence ; & l'on ſçait d'ailleurs qu'en cet endroit, l'Auteur de la Lettre n'a point outré la ſatyre.

La ſeconde preuve que l'on apporte d'un fait ſi extraordinaire, c'eſt que M. Hume raconte que le bruit courut dans Londres, parmi les Partiſans du Duc de Monmouth, que ce n'étoit pas lui qu'on avoit décapité, mais un autre qui lui reſſembloit beaucoup, & qui avoit eu le courage de mourir à ſa place, & de lui donner cette marque de ſon extrême attachement. Il eſt vrai que ces paroles ſe trouvent dans l'Hiſtoire de M. Hume, mais il ne les donne pas pour des vérités;

& il rapporte, comme tous les autres Contemporains, que le Duc de Monmouth fut réellement décapité à Londres.

RÉPONSE.

JACQUES II étoit déja dans un âge assez avancé; il pouvoit mourir; il pouvoit devenir la victime de ses projets, être assassiné, empoisonné, avant que la Reine lui eût donné un fils, & sa couronne auroit passé à la Princesse & au Prince d'Orange, l'horreur & la terreur de tous les Catholiques d'Angleterre.

Burnet, Tom. III, p. 55 & 58. Hume T. III, in-4°, p. 252 & 272.

Monmouth, disent tous les Historiens, étoit d'un caractere doux, affable, généreux, ennemi des violences & de la persécution; il en avoit donné des preuves dans les troubles de l'Ecoſſe, & en d'autres occaſions ; d'ailleurs, Catholique dans le cœur, l'ambition ſeule lui faiſoit profeſſer la Religion dominante.

La Reine douairiere, zélée Catholique, s'intéreſſa pour lui, & obtint de Jacques qu'il le verroit & l'écouteroit.

Les Jéſuites ne pouvoient pas ignorer que le Prince d'Orange avoit de fortes raiſons pour les regarder comme ſes ennemis perſonnels.

Monmouth reſtoit priſonnier & inconnu pendant toute ſa vie, s'il naiſſoit un fils au Roi Jacques ; mais s'il venoit à mourir ſans en avoir eu un, Monmouth, mis en liberté, aimé de ſa Nation, devenoit un concurrent bien redoutable pour le Prince d'Orange dont le caractere ſec, peu communicatif, la façon de vivre retirée, l'accueil

& les manieres froides, étoient peu propres à lui concilier l'affection des Anglois.

Ne doit-on pas présumer que les Jésuites, qui gouvernoient absolument le Roi Jacques, lui dirent qu'il étoit lié par un serment & qu'il ne pouvoit condamner son neveu qu'à une prison perpétuelle. Observons encore que Milord Grey & quelques autres, qui avoient armé pour Monmouth, obtinrent aisément leur grace.

Si le Prisonnier masqué, dit le P. Griffet, *étoit le Duc de Montmouth, pourquoi avoir caché son nom, sur-tout après sa mort?* Parce qu'on cache ordinairement les choses qui n'ont conduit à rien. Parce que l'existence du Duc de Monmouth n'ayant pu être utile, il étoit naturel que Louis XIV ne voulût pas qu'on sçût qu'il s'étoit chargé de le garder. Parce que les Partiſans du Prince d'Orange, ayant porté l'horreur de la calomnie juſqu'à publier que le Prince de Galles étoit un enfant ſuppoſé, ils n'auroient pas manqué de faire des railleries, & de dire que puiſqu'on avoit bien pu trouver le moyen de préſenter ſur un échaffaud & de faire décapiter un homme à la place d'un autre, il avoit été encore plus aiſé de feindre une groſſeſſe & un accouchement.

Je n'ai point dit, comme le rapporte le P. Griffet, *qu'un homme qui reſſembloit au Duc de Monmouth, fût aſſez généreux pour conſentir à être décapité à ſa place.* J'ai dit (& cela eſt très-différent) que le bruit courut dans Londres qu'un Officier de ſon armée, qui lui reſſembloit beaucoup, fait priſonnier, & ſûr d'être condamné à mort, avoit accepté la propoſition de paſſer pour lui. Le fait eſt très-poſſible & n'a rien de romaneſque.

Quand on examine avec attention, ajoute le P. Griffet, *il paroît abſurde, & l'on ne peut pas admettre que les Officiers de Juſtice & les Soldats n'euſſent pas reconnu que celui qu'ils conduiſoient à l'échaffaud, n'étoit point le Duc de Monmouth qu'ils avoient vu cent fois.* Quand on examinera & qu'on réfléchira avec attention, on ſe dira que ſur deux ou trois cens mille perſonnes d'une même nation, il y en a au moins cinq cens qui ont entr'elles une reſſemblance de phyſionomie; que cette ſeule reſſemblance auroit ſuffi, parce qu'on étoit préocupé de l'idée que c'étoit le Duc de Monmouth qu'on alloit décapiter; parce que ceux qui étoient les plus proches, s'il leur eût ſemblé

blé trouver quelque différence dans les traits, l'auroient attribuée à l'abattement, aux agitations de l'ame pendant plusieurs jours de prison; à tout ce que souffre la nature à l'appareil du supplice, & aux empreintes de la mort envisagée de si près. Ceux qui allerent prendre le Marquis de Saint-Valier pour le conduire au gibet, & ceux qui le virent passer, douterent-ils que ce fût lui, parce que ses cheveux qui étoient noirs la veille, étoient devenus tout blancs pendant la nuit?

Pourquoi l'Evêque de Londres ne fut-il pas nommé pour être un des deux Evêques qui devoient préparer le patient à la mort? Pourquoi choisit-on les Evêques d'Ely & de Bath? Parce qu'apparemment Monmouth n'en étoit pas connu: ces Prélats Anglicans regardent la résidence comme un de leurs principaux devoirs, & l'obſervent. Je pourrois ajouter que les chambres & les eſcaliers des priſons, ſont toujours aſſez ſombres, & que d'ailleurs il y avoit plus d'un an que Monmouth étoit en Hollande & qu'il n'avoit paru en Angleterre.

Dès que les deux Chérifs & les Soldats furent arrivés, le prétendu Montmouth, conduit par le Lieutenant de la Tour, entra dans un carroſſe avec les deux Evêques & un Docteur; pouvoit-il être vu du Peuple? Il ne mettoit pas, je crois, la tête à la portiere pour ſaluer. *Quand il fut ſur l'échaffaud*, dit la Relation imprimée le lendemain, *il s'avança à l'autre bout, d'un pas ferme, leva un inſtant les yeux au ciel, & déclara qu'il étoit très-fâché du ſang qui avoit été répandu pour ſoutenir ſa cauſe, mais qu'il n'avoit eu que de bonnes intentions pour l'E-*

tat. Ce furent ses seules paroles ; mais qu'il prononça d'un ton grave & tranquille. Il regarda ensuite la hache, donna six guignées au Bourreau, lui dit qu'il avoit ordonné qu'on lui en donnât davantage s'il ne le faisoit point trop souffrir, se mit à genoux, baissa la tête sur le bloc ; le Bourreau, &c.

Pour mieux cacher la supposition d'un homme à la place d'un autre, pourquoi, dit-on, n'avoir pas fait faire cette exécution aux flambeaux? parce que ce n'est pas l'usage en Angleterre : parce qu'on étoit dans les longs jours de l'année, & que ce retardement jusqu'à la nuit auroit étonné : parce que le Roi n'étant point aimé, il eût été dangereux d'impatienter & de laisser raisonner le Peuple assemblé.

Le P. Tournemine étoit d'une illustre Maison de ma Province ; je le voyois aſſez ſouvent, & j'étois déja d'un âge, & j'avois aſſez d'uſage du monde, pour pouvoir juger des perſonnes ; je n'ai jamais remarqué dans ſa converſation ce caractere d'eſprit que le P. Griffet, ſon Confrere, lui attribue & qu'il appuie ſi *ſolidement* ſur un trait de ſatyre. Je ne m'écarterai point de mon ſtyle ordinaire, quelque chere que me ſoit la mémoire du P. Tournemine ; je dirai ſeulement qu'il étoit célebre dans toute l'Europe, aimé, eſtimé, conſidéré à la Cour & à la Ville, & regardé comme un des plus diſtingués dans un Ordre où l'on ne peut pas nier qu'il n'y ait toujours eu des perſonnes d'un très-grand mérite : d'ailleurs je viens de chercher dans les Mémoires de Burnet ; c'eſt le ſeul Hiſtorien Anglois que j'aie à préſent ſous la main ; j'y vois *que*

Charles II aimoit son fils Monmouth avec une tendresse extrême..... qu'étant au lit de la mort, on apporta secrétement dans sa chambre une hostie.... qu'il communia de la main d'un Prêtre Catholique Romain.... que la Duchesse de Portsmouth étoit présente.... qu'il recommanda vivement tous ses enfans naturels à son Successeur, qui certainement lui devoit la reconnoissance la plus tendre & la plus religieuse. Tout cela se raporte à ce que racontoit le P. Tournemine ; & puisque la plus grande partie de ce qu'il racontoit se trouve confirmée par Burnet, pourquoi vouloir qu'il ait imaginé le reste, c'est-à-dire la réponse qui échappa au P. Sanders? parce que le fait que renferme cette réponse me paroît incroyable, répondra le P. Griffet; il n'en avoit pas pensé de même à la page 310, puisqu'il y dit

Voyez ci-dessus, p. 95.

que si l'on étoit sûr que le Prisonnier masqué ne fut conduit à Pignerol qu'en 1685, on pourroit être fondé à croire que c'étoit le Duc de Monmouth, & que cette date excluroit le Duc de Beaufort, le Comte de Vermandois, & l'Inconnu dont parle M. de Voltaire. Il me reste donc, pour achever d'établir mon opinion, de prouver cette date de 1685.

M. Fouquet ayant été condamné par ses Commissaires, le 20 Décembre 1664, à un bannissement perpétuel, Louis XIV, par des considérations d'Etat, changea cette condamnation en une prison perpétuelle à la Citadelle de Pignerol, & M. de Saint-Mars ayant été choisi pour veiller sur lui & sur les correspondances qu'il voudroit peut-être entretenir, eut des Lettres pour commander dans cette Citadelle. M. de Lausun, vers la fin de No-

vembre 1671, y fut aussi conduit & renfermé. M. Fouquet étant mort en 1680, & M. de Lausun ayant obtenu, en 1681, la permission d'aller prendre les eaux de Bourbon, le Roi nomma M. de Saint-Mars pour l'accompagner & continuer de le garder; mais Mademoiselle de Montpensier ayant représenté qu'il y avoit eu souvent des querelles & des démêlés entre M. de Lausun & M. de Saint-Mars, le Roi, à sa priere, changea l'ordre, & chargea de cette commission M. de Maupertuis, Officier des Mousquetaires.

Mémoires de Montpensier, Tom. VI, p. 212.

Il est constaté par le Journal de M. du Jonca, que M. de Saint-Mars, quand il passa, en 1686, du commandement de la Citadelle de Pignerol au gouvernement des (*a*)

(*a*) M. de Guitaut, Gouverneur de ces Isles, étant mort le 27 Décembre 1685,

Isles Sainte-Marguerite & Saint-Honorat, emmena avec lui le Prisonnier masqué, & qu'il l'emmena encore avec lui à la Bastille, lorsqu'il en fut nommé Gouverneur en 1698 : de sorte que le Ministere ne voulant pas, à moins d'une nécessité absolue, avoir d'autre confident de la détention & de ce qu'étoit ce Prisonnier, que M. de Saint-Mars, faisoit suivre à cet infortuné le sort de celui à qui on l'avoit

---

M. de Saint-Mars fut aussi-tôt nommé à ce Gouvernement ; Madame du Frênoi, sa belle-sœur, étoit, dit-on, toute puissante sur le cœur de M. de Louvois. On voit dans la Description de la France, par M. de Piganiol, Tome V, page 375, qu'il n'y avoit point encore dans ces Isles de prisonniers & de prisons d'Etat, & que M. de Saint-Mars fut le premier qui y en fît bâtir ou accommoder, apparemment d'abord pour le Prisonnier masqué.

d'abord confié; d'où il résulte qu'il n'étoit pas à la Citadelle de Pignerol en 1681, parce que, s'il y avoit été, & M. de Saint-Mars étant chargé de ce secret qu'on tâchoit de rendre impénétrable, Louis XIV & M. de Louvois n'auroient certainement pas nommé M. de Saint-Mars pour aller garder M. de Lausun, & passer trois mois aux Eaux de Bourbon.

Au commencement de l'année 1684, à l'occasion des réjouissances pour la naissance du * Duc d'Anjou, il y eut une contestation assez vive entre M. d'Herleville & M. de la Motte de Rissan; M. d'Herleville étoit Gouverneur de la Ville & Citadelle de Pignerol, mais sans Lettres de commandement pour la Citadelle, M. de Saint-Mars continuant toujours de les avoir; M. de la Motte de Rissan étoit Lieu-

* *Né le* 19 *Décembre* 1683.

tenant de Roi de cette Citadelle ; on envoya de part & d'autre plusieurs Mémoires à la Cour, & il y eut à ce sujet un Réglement sur le service des Places & Citadelles. Il est certain, sans entrer dans des détails inutiles, que cette contestation n'auroit pu avoir lieu, si M. de Saint-Mars n'eût pas été absent & par congé de la Cour. Il y étoit allé, apparemment pour solliciter le Gouvernement du Fort d'Exille qu'il obtint. Auroit-il osé demander ce congé, l'auroit-il obtenu, s'il avoit été chargé de garder le Prisonnier masqué ?

Toutes les époques que je viens de citer, prouvent que ce Prisonnier n'étoit pas, avant 1685, à la Citadelle de Pignerol, qui fut certainement sa premiere prison, & que par conséquent ce n'étoit ni l'Inconnu dont parle M. de Voltaire, ni le Duc de Beaufort, ni le Comte de Vermandois. Ces époques prouvent aussi toute la fausseté de certains bruits sur la naissance de ce Prisonnier, & dont il me seroit très-aisé de faire connoître l'absurdité par les preuves les plus solides & les plus convaincantes.

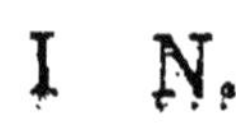

FIN.

www.ingramcontent.com/pod-product-compliance
Ingram Content Group UK Ltd.
Pitfield, Milton Keynes, MK11 3LW, UK
UKHW020232220726
13923UKWH00002B/612